Planète Maths

Cahier d'apprentissage
Savoirs et activités
2e cycle du primaire • 2e année

Nicole Corbeil
Jacqueline Laflamme
Lise Laurence

W9-AFW-480

CHENELIÈRE
ÉDUCATION

Planète Maths
Mathématique, 2e cycle du primaire, 2e année

Cahier d'apprentissage

Nicole Corbeil, Jacqueline Laflamme et Lise Laurence

© 2011 Chenelière Éducation inc.

Édition : Isabel Rusin
Coordination et révision linguistique : Marie Hébert
Correction d'épreuves : Michèle Levert, Ginette Rochon
Conception graphique et infographie : Pige communication
Couverture : Josée Brunelle
Impression : Imprimeries Transcontinental

Remerciements

Pour sa participation à la rédaction de la partie « Je révise ma 4e année ! », l'Éditeur tient à remercier Line Borduas, enseignante, École Marie-Soleil-Tougas, C.S. de la Seigneurie-des-Mille-Îles.

Pour leurs suggestions et leurs judicieux commentaires au cours de l'élaboration de cet ouvrage, l'Éditeur tient à remercier :
Line Borduas, enseignante, École Marie-Soleil-Tougas, C.S. de la Seigneurie-des-Mille-Îles ;
Anne Boutin, enseignante, École Terre-Soleil, C.S. de la Seigneurie-des-Mille-Îles ;
Catherine Bouchard, enseignante, École Saint-Malo, C.S. de la Capitale ;
Marie-Josée Demers, enseignante, École de la Source, C.S. des Navigateurs ;
Mélanie Tétreault, enseignante, École Pierre-Rémy, C.S. Marguerite-Bourgeoys.

Illustrations

François Ruyer

Données

p. 166-168 (tableaux et diagramme) : www.guidegrossesse.com
p. 170 : Hydro-Québec

Photos

p. 124 : (de gauche à droite et de haut en bas) Rostyslav Shostak/Dreamstime.com ; © Photolibrary ; © PHOTOTAKE Inc./ Alamy ; © Damien Richard/ Dreamstime.com ; © Iamstef/ Dreamstime.com ; © Best View Stock/MaXx images.

7001, boul. Saint-Laurent
Montréal (Québec) Canada H2S 3E3
Téléphone : 514 273-1066
Télécopieur : 450 461-3834 / 1 888 460-3834
info@cheneliere.ca

ISBN 978-2-7650-3134-5

Dépôt légal : 2e trimestre 2011
Bibliothèque et Archives nationales du Québec
Bibliothèque et Archives Canada

Imprimé au Canada

1   2   3   4   5   ITIB   15   14   13   12   11

Nous reconnaissons l'aide financière du gouvernement du Canada par l'entremise du Programme d'aide au développement de l'industrie de l'édition (PADIÉ) pour nos activités d'édition.

Gouvernement du Québec – Programme de crédit d'impôt pour l'édition de livres – Gestion SODEC.

Membre du CERC

Membre de
l'Association nationale
des éditeurs de livres

ASSOCIATION
NATIONALE
DES ÉDITEURS
DE LIVRES

Mot de bienvenue

Bonjour!
Nous arrivons tout juste de la planète Maths. Sur cette planète, la mathématique est présente partout. Les Mathiens nous ont confié une mission importante: visiter des planètes lointaines et en ramener des trouvailles mathématiques.

Nous sommes curieux de savoir si, sur Terre, la mathématique est aussi amusante que chez nous. Les Mathiens et les Terriens pourraient-ils partager leurs découvertes? Accompagne-nous dans nos recherches!

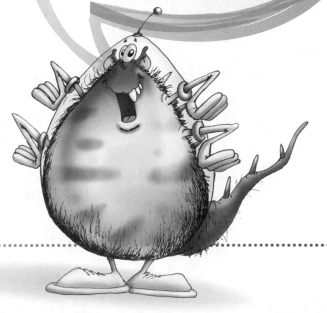

Table des matières

Je me souviens (**!**) 1

Section (**1**)

Unité 1	**Arithmétique**	Valeur de position, représentation et propriétés d'un nombre	9
Unité 2	**Arithmétique**	Addition, soustraction et suites de nombres..	14
Unité 3	**Géométrie • Mesure**	Droites, angles, quadrilatères et mesure d'aire	18
Unité 4	**Arithmétique**	Nombres décimaux et fractions..........	24
Unité 5	**Probabilité**	Hasard, stratégie ou habileté, vocabulaire probabiliste et expérimentation	30
Unité 6	**Arithmétique**	Multiplication et division.................	35
Unité 7	**Géométrie • Mesure**	Prismes, pyramides et mesures de volume...	40
Unité 8	**Arithmétique**	Fractions...............................	44
Unité 9	**Statistique**	Enquête, collecte, interprétation et représentation de données	49
Unité 10	**Mesure**	Mesures de longueur...................	53
Situation-problème		Un jeu de nombres et de hasard........	58

Section (**2**)

Unité 11	**Arithmétique**	Décomposition, propriétés et arrondissement......................	60
Unité 12	**Arithmétique**	Fractions et fractions équivalentes.......	66
Unité 13	**Géométrie • Mesure**	Plan cartésien, frises, périmètre, dallages, mesure d'aire et angle	71
Unité 14	**Probabilité**	Vocabulaire, représentation et concepts de la probabilité	80
Unité 15	**Géométrie**	Développements de prismes et de pyramides........................	85
Unité 16	**Arithmétique**	Sens des opérations sur les nombres, expressions équivalentes et nombres entiers	89

Unité 17 **Mesure**   Mesures de longueur, de temps,
de capacité et de masse. 93

Unité 18 **Arithmétique**   Approximation, suites, calculatrice,
facteurs premiers et terme manquant. . . . 100

Unité 19 **Arithmétique**   Opérations sur les nombres décimaux . . . 107

Unité 20 **Statistique**   Interprétation et représentation de données. . 115

Situation-problème   La chasse aux trésors. 120

Section ③

Unité 21 **Arithmétique**   Décomposition, propriétés,
approximation et arrondissement. 122

Unité 22 **Arithmétique**   Fractions et fractions équivalentes. 128

Unité 23 **Géométrie • Mesure**   Plan cartésien, polygones et quadrilatères. . 132

Unité 24 **Probabilité**   Révision en probabilité 138

Unité 25 **Mesure**   Mesures : longueur, surface, capacité,
volume, masse et temps. 141

Unité 26 **Arithmétique**   Sens des opérations, expressions
équivalentes, transformations,
multiplication et division. 146

Unité 27 **Géométrie**   Réflexion, frises et dallages 151

Unité 28 **Arithmétique**   Terme manquant, opérations, faits
numériques et table de multiplication. . . . 155

Unité 29 **Arithmétique**   Représentation des nombres
décimaux et calcul mental 160

Unité 30 **Statistique**   Interprétation et représentation
de données statistiques 166

Situation-problème   Économisons en électricité :
un dépliant choc ! 170

Je révise ma 4ᵉ année ❶ 172

Glossaire 182

Savoirs essentiels

La liste suivante permet de repérer rapidement les différents savoirs essentiels au programme qui sont traités dans les encadrés théoriques de ce cahier. Les activités proposées dans les unités réinvestissent ces savoirs essentiels en plusieurs occasions.

Arithmétique

Addition avec retenue, 14
Approximation, 100
Arrondissement, 64
Calculatrice, 102
Décomposition
d'un nombre, 60
Division, 37
Facteur, 35
Facteur premier, 104
Fraction, 44
Fractions équivalentes, 46
Multiplication, 35
Nombre carré, 12
Nombre composé, 12
Nombre décimal, 24
    Addition, 107, 163
    Écriture, 24
    Représentation, 160
    Soustraction, 107, 163
    Utilisation, 25
Nombre entier, 91
Nombre premier, 12
Soustraction
avec échange, 15
Suite de nombres, 16
Tableau de numération, 9
Terme, 14, 15
Terme manquant, 155
Valeur de position, 9

Géométrie

Angle (droit, aigu, obtus), 18
Arête, 40
Axe, 71
Axe de réflexion, 72-73
Base, 40
Carré, 19
Convexe, 19
Couple de nombres, 71
Dallage, 72-73
Développement
de la pyramide, 85
Développement
du prisme, 85
Figure symétrique, 73
Frise, 72
Losange, 19
Parallèle, 18
Parallélogramme, 19
Perpendiculaire, 18
Plan cartésien, 71
Prisme, 40, 85
Pyramide, 40, 85
Quadrilatère, 19
Rectangle, 19
Segment, 18
Sommet, 40
Trapèze, 19

Mesure

Équivalences, 93
Mesure d'aire, 20
Mesure de capacité, 97
Mesure de
longueur, 53-54, 93
Mesure de masse, 97-98
Mesure de temps, 95
Mesure de volume, 41
Périmètre, 71

Statistique

Diagramme à bandes, 115
Diagramme à
ligne brisée, 115
Enquête, 49
Tableau de données, 49

Probabilité

Expérimentation de
situations liées au hasard, 32
Habileté, 30
Hasard, 30
Ligne des probabilités, 80-81
Stratégie, 30
Vocabulaire de la
probabilité, 31, 80

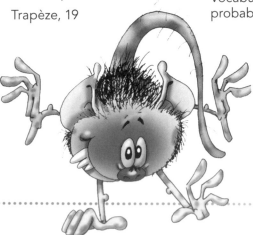

Organisation du cahier d'apprentissage

Le cahier d'apprentissage *Planète Maths* permet de mobiliser l'ensemble des savoirs essentiels et de développer toutes les compétences du programme de mathématique de la 2e année du 2e cycle du primaire.

Je me souviens !

Placées au début du cahier, ces pages permettent de faire une mise à niveau en révisant les principales notions abordées au cours de l'année scolaire précédente.

Sections et unités

Le cahier d'apprentissage est divisé en trois sections, chaque section correspondant à une étape de l'année scolaire. Une section comporte 10 unités.

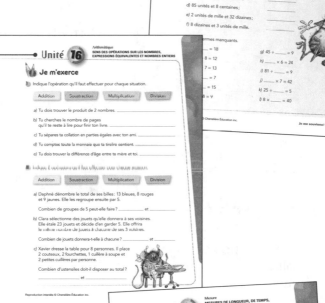

Encadré théorique

Sous forme de résumé, on y trouve des explications théoriques sur les savoirs essentiels. Des exemples, des schémas et des illustrations appuient les explications.

Rubrique « Stratégie »

Cette rubrique exploite diverses stratégies utiles aux élèves dans le développement et l'exercice des compétences en mathématique. Elle est présentée sous forme de piste pour aider l'élève à accomplir sa tâche.

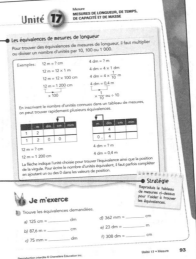

Activités «Je m'exerce»

Ces activités d'application (exercices, compréhension, appropriation) permettent à l'élève de mettre en pratique les savoirs mathématiques présentés dans les encadrés théoriques de l'unité. On y développe également des stratégies et des processus.

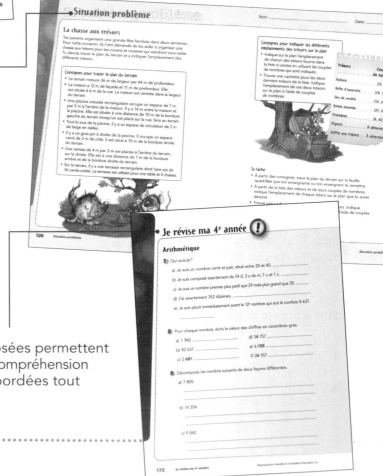

Activités «J'utilise mes connaissances»

Dans la plupart des cas, il s'agit d'activités de résolution de problème ou encore d'activités qui demandent à l'élève d'expliquer et de justifier ses réponses. La compétence 2, *Raisonner*, y est développée.

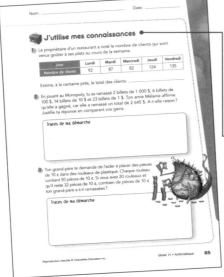

Situation-problème

Une situation-problème vient clore chaque section. Elle mobilise des savoirs mathématiques abordés au cours des unités de la section et permet d'en faire la synthèse tout en travaillant la compétence 1, *Résoudre*.

Je révise ma 4ᵉ année!

Les activités de révision proposées permettent de vérifier et de consolider la compréhension des notions mathématiques abordées tout au long de l'année scolaire.

Je me souviens

Arithmétique

1 Écris chaque nombre qui est représenté.

⬤ : centaine　　　△ : dizaine　　　◇ : unité

a) ⬤⬤　△△△　◇◇◇◇　　　＿＿＿＿＿＿＿＿

b) ⬤　△　◇◇　　　＿＿＿＿＿＿＿＿

c) △　⬤⬤⬤　◇　　　＿＿＿＿＿＿＿＿

d) ◇◇◇　△△△△　　　＿＿＿＿＿＿＿＿

2 Écris le nombre qui correspond à :

a) 3 centaines, 4 dizaines et 2 unités ;　＿＿＿＿＿＿＿＿

b) 25 dizaines et 5 unités ;　＿＿＿＿＿＿＿＿

c) 3 centaines et 12 dizaines ;　＿＿＿＿＿＿＿＿

d) 85 unités et 8 centaines ;　＿＿＿＿＿＿＿＿

e) 2 unités de mille et 32 dizaines ;　＿＿＿＿＿＿＿＿

f) 8 dizaines et 3 unités de mille.　＿＿＿＿＿＿＿＿

3 Écris les termes manquants.

a) $9 + \underline{} = 18$

b) $\underline{} - 8 = 12$

c) $\underline{} + 7 = 13$

d) $12 - \underline{} = 7$

e) $8 + \underline{} = 15$

f) $\underline{} - 8 = 9$

g) $45 \div \underline{} = 9$

h) $\underline{} \times 6 = 24$

i) $81 \div \underline{} = 9$

j) $\underline{} \times 7 = 42$

k) $25 \div \underline{} = 5$

l) $8 \times \underline{} = 40$

4 Utilise les nombres suivants pour répondre aux questions.

| 138 | 205 | 74 | 349 | 56 | 671 | 730 | 27 | 36 |

a) Quels sont les nombres pairs ? _____

b) Place ces nombres en ordre décroissant.

_____

c) Quel est le seul nombre carré ? _____

d) Écris le 2e nombre qui vient avant chacun de ces nombres.

_____

e) Écris le 3e nombre qui vient après chacun de ces nombres.

_____

5 Effectue les additions suivantes.

a) 364
  + 428

c) 269
  + 53

e)   54
  + 935

g) 179
  + 316

i) 5 217
  + 695

b) 237
  + 647

d) 609
  + 248

f)   57
  + 433

h) 723
  + 39

j) 7 665
  + 1 165

6 Effectue les soustractions suivantes.

a) 554
  − 128

c) 372
  − 153

e) 745
  − 36

g) 473
  − 236

i) 690
  − 439

b) 836
  − 319

d) 673
  − 349

f) 884
  − 35

h) 872
  − 67

j) 805
  − 616

7 Illustre le produit en utilisant une disposition rectangulaire.

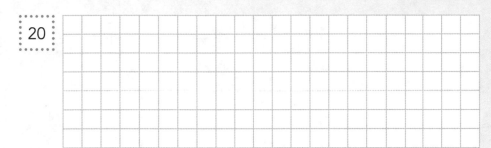

8 Écris la fraction représentée par chacune des illustrations.

a)

_____

b)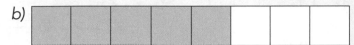

_____

c)

_____

9 Place <, > ou = entre les nombres.

a) $\frac{1}{2}$ ◯ $\frac{3}{4}$

c) 1 ◯ $\frac{8}{9}$

e) 0 ◯ $\frac{1}{3}$

b) $\frac{4}{5}$ ◯ $\frac{1}{2}$

d) $\frac{3}{6}$ ◯ $\frac{1}{2}$

f) $\frac{5}{8}$ ◯ $\frac{1}{3}$

10 Observe les représentations suivantes. Illustre une fraction équivalente à :

a) $\frac{1}{2}$;

b) $\frac{1}{3}$.

1 entier

$\frac{1}{2}$

1 entier

$\frac{1}{3}$

11 Écris le nombre décimal qui correspond à chaque fraction.

a) $\dfrac{2}{10}$ _____

c) $\dfrac{75}{100}$ _____

e) $\dfrac{81}{100}$ _____

b) $\dfrac{34}{100}$ _____

d) $\dfrac{6}{10}$ _____

f) $\dfrac{9}{100}$ _____

12 Effectue les opérations suivantes.

a)
$$\begin{array}{r} 263,4 \\ +\ \ 22,4 \\ \hline \end{array}$$

c)
$$\begin{array}{r} 306,6 \\ +\ 664,3 \\ \hline \end{array}$$

e)
$$\begin{array}{r} 2\,030,1 \\ +\ 598,38 \\ \hline \end{array}$$

g)
$$\begin{array}{r} 285,41 \\ -\ \ 43,08 \\ \hline \end{array}$$

i)
$$\begin{array}{r} 875,47 \\ -\ 523,36 \\ \hline \end{array}$$

b)
$$\begin{array}{r} 428,3 \\ +\ 140,7 \\ \hline \end{array}$$

d)
$$\begin{array}{r} 173,5 \\ +\ 350,86 \\ \hline \end{array}$$

f)
$$\begin{array}{r} 48,5 \\ -\ 24,2 \\ \hline \end{array}$$

h)
$$\begin{array}{r} 473,8 \\ -\ 64,42 \\ \hline \end{array}$$

j)
$$\begin{array}{r} 683,5 \\ -\ 161,25 \\ \hline \end{array}$$

13 Écris le mot qui correspond à chaque définition.

a) J'exprime le nombre de parts considérées dans une fraction. _____

b) Je suis le résultat de la multiplication. _____

c) Je suis un nombre qui s'écrit avec une virgule. _____

14 Vrai ou faux ?

		Vrai	Faux
a)	Le nombre 11 est un nombre premier.		
b)	Les nombres 3, 6, et 9 sont des multiples de 3.		
c)	Le nombre 13 est un nombre composé.		
d)	Le nombre 18 est un nombre impair.		
e)	Le nombre 16 est un nombre carré.		
f)	La division est parfois un partage.		

Géométrie et mesure

15 Pour chaque solide, indique le nombre de faces, le nombre
de sommets et le nombre d'arêtes. Indique aussi le nom du solide.

a)

Nombre de faces : _____

Nombre de sommets : _____

Nombre d'arêtes : _____

Nom du solide :

_____

b)

Nombre de faces : _____

Nombre de sommets : _____

Nombre d'arêtes : _____

Nom du solide :

_____

16 Parmi les droites suivantes, identifie :

a) 2 droites parallèles ; _____

b) 2 droites perpendiculaires. _____

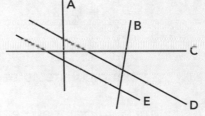

17 Parmi les figures suivantes, indique :

a) celles qui sont des polygones convexes ;

_____

b) celles qui sont symétriques.

_____

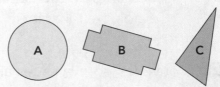

18 Complète la frise suivante en répétant le motif à l'aide de la réflexion.

Axe de réflexion

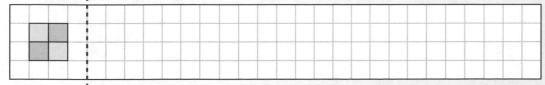

19 Utilise le plan cartésien ci-dessous pour répondre aux questions.

a) Place les points suivants dans le plan cartésien.

A (2, 3)   **C** (6, 3)
B (4, 6)   **D** (4, 0)

b) Trace un polygone en reliant les points dans l'ordre alphabétique.

c) Quel polygone as-tu tracé ?

_____

d) Mesure, en millimètres, le périmètre de la figure.

_____

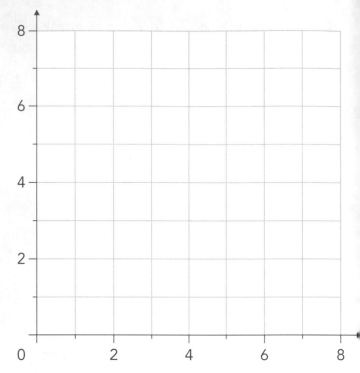

e) Vrai ou faux ? Le segment qui relie les points A et B est perpendiculaire au segment qui relie les points B et C. _____

f) Trace un point au centre de la figure.
Ce point est-il associé au couple (3, 4) ? _____

20 Trouve les équivalences aux mesures suivantes.

a) 3 m = _____ cm

b) 15 cm = _____ mm

c) 2 000 mm = _____ m

d) _____ cm = 5 m

e) _____ m = 3 000 mm

f) 290 mm = _____ cm

21 Mesure l'aire des figures suivantes à l'aide de l'unité indiquée.
Mesure ensuite le périmètre des figures, en centimètres.

a) Aire : _____ carrés-unités   *b)* Aire : _____ triangles-unités

   Périmètre : _____   Périmètre : _____

carré-unité

triangle-unité

Probabilité

22 Reproduis les 12 étiquettes suivantes et dépose-les dans un sac.

| 1 | 2 | 3 | 4 | 5 | 6 | 7 | 8 | 9 | 10 | 11 | 12 |

a) Tire une étiquette du sac et note le nombre obtenu.

_____

b) Redépose cette étiquette dans le sac. Avant de tirer une deuxième
fois, coche la ou les cases appropriées.

☐ Il est certain que tu obtiendras le même nombre
que la première fois.

☐ Il est possible que tu obtiennes le même nombre
que la première fois.

☐ Il est impossible que tu obtiennes le même nombre
que la première fois.

☐ Il est plus probable que tu obtiennes un nombre différent.

☐ Il est moins probable que tu obtiennes un nombre différent.

Statistique

23 Luka a fait une enquête dans les classes de 4ᵉ année de son école. Voici ce qu'il a obtenu comme diagramme.

Animaux préférés des élèves de 4ᵉ année

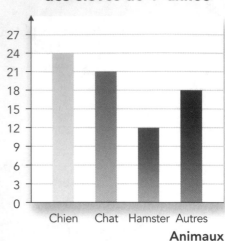

a) Quelle question a-t-il posée aux élèves de sa classe ?

_____

_____

b) En te référant au diagramme, complète le tableau ci-dessous.

Animaux préférés des élèves de 4ᵉ année

Animal	Chien	Chat	Hamster	Autres
Nombre d'élèves	_____	_____	_____	_____

c) Combien d'élèves ont répondu à cette enquête ? _____

d) Quel est l'animal le plus populaire ? _____

e) Peut-on dire que près du tiers des élèves préfèrent le chien ? Explique ta réponse.

_____

_____

_____

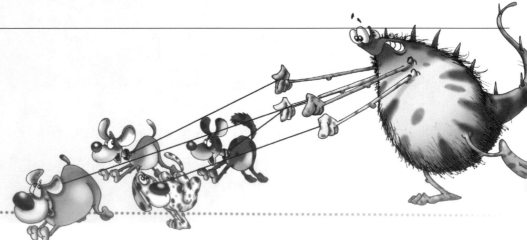

La valeur de position et la représentation d'un nombre

Un chiffre a une **valeur** différente selon la **position** qu'il occupe dans un nombre.

Dans un nombre à 5 chiffres, il y a le chiffre des unités, le chiffre des dizaines, le chiffre des centaines, le chiffre des unités de mille et le chiffre des dizaines de mille.

> Voici le nombre 34 562.
> - Le chiffre 2 occupe la position des unités.
>   Il a une valeur de 2 unités ou 2.
> - Le chiffre 6 occupe la position des dizaines.
>   Il a une valeur de 6 dizaines ou 60.
> - Le chiffre 5 occupe la position des centaines.
>   Il a une valeur de 5 centaines ou 500.
> - Le chiffre 4 occupe la position des unités de mille.
>   Il a une valeur de 4 unités de mille ou 4 000.
> - Le chiffre 3 occupe la position des dizaines de mille.
>   Il a une valeur de 3 dizaines de mille ou 30 000.

10 unités sont équivalentes à ⟶ 1 **dizaine**

10 dizaines sont équivalentes à ⟶ 1 **centaine**

10 centaines sont équivalentes à ⟶ 1 **unité de mille**

10 unités de mille sont équivalentes à ⟶ 1 **dizaine de mille**

Un **tableau de numération** permet de représenter chacun des chiffres qui composent un nombre.

Dizaines de mille	Unités de mille	Centaines	Dizaines	Unités
5	6	3	0	1

Pour savoir combien de centaines il y a dans le nombre 56 301, il faut considérer tous les chiffres qui se trouvent à gauche des centaines, y compris le chiffre des centaines. Dans le nombre 56 301, il y a donc **563 centaines**.

Je m'exerce

1 Écris les nombres suivants dans le tableau.

Exemple : 3 unités de mille, 5 centaines, 2 dizaines et 5 unités

a) 1 unité de mille, 2 centaines, 3 dizaines et 14 unités

b) 3 dizaines, 7 unités, 2 unités de mille et 11 centaines

c) 5 centaines, 3 unités, 12 dizaines et 11 unités de mille

	Dizaines de mille	Unités de mille	Centaines	Dizaines	Unités
		3	5	2	5
a)	_____	_____	_____	_____	_____
b)	_____	_____	_____	_____	_____
c)	_____	_____	_____	_____	_____

2 Remplis le tableau suivant.
- Dans la colonne « Valeur », écris la valeur du chiffre en gras.
- Dans la colonne « Position », écris la position du chiffre en gras.

	Nombre	Valeur	Position
a)	13 **2**87	200	_____
b)	2 0**49**	_____	_____
c)	**35** 672	_____	_____
d)	9 5**8**1	_____	Dizaines
e)	**9**2 585	_____	_____
f)	4**0**7	_____	_____

3 Combien y a-t-il :

a) de centaines dans le nombre 6 432 ? _____ centaines

b) de dizaines dans le nombre 4 690 ? _____ dizaines

c) d'unités de mille dans le nombre 8 942 ? _____ unités de mille

d) d'unités de mille dans le nombre 32 765 ? _____ unités de mille

4 Décompose les nombres suivants comme dans l'exemple ci-dessous.
Exemple : 28 546 = 20 000 + 8 000 + 500 + 40 + 6

a) 4 658 = _____

b) 12 809 = _____

c) 8 432 = _____

d) 995 = _____

5 Écris les nombres représentés.

a) 4 dizaines de mille + 14 centaines + 22 unités = _____

b) 3 unités de mille + 32 dizaines = _____

c) 12 unités de mille + 41 centaines + 50 unités = _____

d) 9 unités de mille + 8 centaines + 19 dizaines = _____

Stratégie

Pour t'aider, utilise du matériel base 10 ou fais le portrait du nombre.

6 Relie chaque nombre à l'étiquette qui lui correspond.

a) J'ai 37 unités de mille et 4 centaines.

b) J'ai 67 centaines.

c) J'ai 6 dizaines de mille et 7 centaines.

d) J'ai 54 dizaines et 32 centaines.

60 700

37 400

3 740

6 700

Le nombre composé

Avec un ensemble d'objets, on peut parfois faire des groupements égaux supérieurs à 1, sans reste. Si on peut représenter un nombre d'objets par différents groupements, sans reste, c'est un **nombre composé**.

6 objets = 3 groupes de 2 objets

ou

6 objets = 2 groupes de 3 objets

Le nombre premier

Si on ne peut pas représenter un nombre d'objets par plusieurs groupements égaux supérieurs à 1, sans reste, c'est un **nombre premier**.

2 objets = un seul groupe de 2 objets

5 objets = un seul groupe de 5 objets

On considère que 1 n'est ni un nombre premier ni un nombre composé.

Le nombre carré

Un **nombre carré** est un nombre qui a 2 facteurs identiques. On peut le représenter par une suite de petits carrés ou de points qui forment un carré.

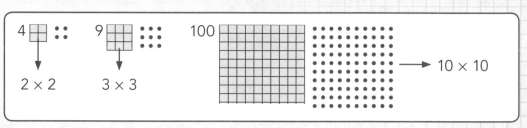

4   ::   9   ::   100

2×2 3×3 10×10

Je m'exerce

1 Entoure les nombres composés.

12   7   8   29   14   11   19   20

2 Trace un X sur les nombres premiers.

| 12 | 5 | 8 | 17 | 14 | 11 | 19 | 20 |

3 Entoure les nombres carrés.

| 18 | 5 | 49 | 10 | 14 | 16 | 35 | 25 |

4 Écris :

a) un nombre pair et premier ; _____

b) un nombre impair et composé situé entre 20 et 25 ; _____

c) un nombre premier ayant 3 dizaines ; _____

d) un nombre carré situé entre 30 et 40. _____

J'utilise mes connaissances

1 Le numéro sur le casier de Mélanie est effacé.
Son casier est situé du côté des nombres impairs.
Les casiers de la rangée sont numérotés
de 141 à 157. Quel est le numéro de son casier
si celui-ci est au centre de la rangée ?

Traces de ma démarche

L'addition avec retenue

L'**addition** est l'une des 4 opérations de base en arithmétique. Cette opération consiste à ajouter une quantité d'objets à une autre. Chacun des nombres de l'addition se nomme **terme**. Le résultat est appelé **somme**.

Voici les étapes à suivre pour additionner avec une ou plusieurs **retenues**.

1 On place les termes en colonne.

2 On commence par additionner les unités. Si le total est 10 ou plus, on note une retenue aux dizaines.

3 On additionne les dizaines en comptant la retenue. Si le total est 10 ou plus, on note une retenue aux centaines.

4 On additionne les centaines en comptant la retenue. Si le total est 10 ou plus, on note une retenue aux unités de mille.

5 On additionne les unités de mille en comptant la retenue.

Exemples :

①	①	①①
4 568	903	3 065
+ 2 325	+ 569	+ 2 586
6 893	1 472	5 651

Je m'exerce

1 Effectue les additions suivantes.

a)
```
   7 843
+  1 262
```

b)
```
   2 390
+  3 157
```

c)
```
   5 082
+  4 685
```

d)
```
   2 573
+  6 720
```

e)
```
   4 309
+  3 851
```

f)
```
   8 090
+    656
```

g)
```
   3 371
+    619
```

h)
```
     682
+  5 120
```

La soustraction avec échange

La **soustraction** est l'une des 4 opérations de base en arithmétique. Cette opération consiste à retirer une quantité d'objets à une autre. Chacun des nombres d'une soustraction se nomme **terme**. Le résultat est appelé **différence**.

Voici les étapes à suivre pour soustraire avec ou sans **échange**.

❶ On place les termes en colonne.

❷ On commence par soustraire les unités :
5 unités – 8 unités = ?
Comme 8 est plus grand que 5, il faut aller chercher une dizaine dans le nombre 3 365 et la placer avec les 5 unités. On obtient ainsi 15 unités. On peut maintenant soustraire les unités.

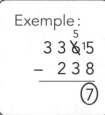

```
Exemple :
        5
   3 3 6̶ ¹⁵
 –   2 3 8
   ─────────
         ⑦
```

❸ On soustrait les dizaines.

```
Exemple :
        5
   3 3 6̶ ¹⁵
 –   2 3 8
   ─────────
        ②7
```

❹ On soutrait les centaines.

```
Exemple :
        5
   3 3 6̶ ¹⁵
 –   2 3 8
   ─────────
      ①2 7
```

❺ On soustrait les unités de mille.

```
Exemple :
        5
   3 3 6̶ ¹⁵
 –   2 3 8
   ─────────
    ③1 2 7
```

Voici d'autres exemples de soustractions avec échange.

Pour soustraire les unités, comme 8 est plus grand que 5, il faut faire un échange.

- S'il y a un 0 à la position des dizaines, il faut alors faire l'échange sur les **30 dizaines**.

```
     2 9
   3̶ 0̶ ¹⁵
 –   1 3 8
   ─────────
     1 6 7
```

- S'il y a un 0 à la position des dizaines et un 0 à la position des centaines, il faut alors faire l'échange sur les **300 dizaines**.

```
     2 9 9
   3̶ 0̶ 0̶ ¹⁵
 –   1 3 8
   ─────────
   2 8 6 7
```

Je m'exerce

1 Effectue les soustractions suivantes.

a)
```
  5 864
– 1 235
```
☐

c)
```
  3 470
–   227
```
☐

e)
```
  4 016
–   625
```
☐

g)
```
  6 573
– 1 720
```
☐

b)
```
  4 745
– 2 342
```
☐

d)
```
  6 701
– 2 155
```
☐

f)
```
  8 075
–   356
```
☐

h)
```
    800
–   471
```
☐

Les suites de nombres

La **suite de nombres** observe une « régularité numérique ». Cette régularité numérique est obtenue à partir d'une « règle », c'est-à-dire à partir d'une ou de plusieurs opérations entre deux nombres de la suite.

Exemples :

$-3 \quad -3 \quad -3$

18,   15,   12,   9,…

Règle : -3

$+2 \quad -1 \quad +2 \quad -1$

2,   4,   3,   5,   4,…

Règle : $+2, -1$

Je m'exerce

1 Dans chaque cas, trouve la règle et complète la suite de nombres.

a) 124, 129, 127, 132, _____, _____, 133, _____   Règle : _____

b) 205, 195, 185, _____, _____, _____, _____, _____   Règle : _____

c) 1 052, 1 050, 1 056, _____, 1 060, _____, _____   Règle : _____

d) 600, 607, 614, _____, _____, 635 _____, _____   Règle : _____

e) 810, 812, 809, _____, 808, _____, _____, 809   Règle : _____

J'utilise mes connaissances

1 Compose une addition de 2 nombres à 3 chiffres en utilisant chacun des chiffres ci-dessous une seule fois. Tu dois trouver la plus grande somme possible.

| 2 | 8 | 7 | 9 | 0 | 5 |

Traces de ma démarche

2 Tu participes à un parcours à vélo dans ta ville. Les participants sont répartis ainsi : 82 hommes, 125 femmes, 45 adolescents et 64 enfants.

Combien de participants y a-t-il au total ?

Traces de ma démarche

3 La famille Deschamps est allée en vacances en Gaspésie. Natacha a pris en note le nombre inscrit à l'odomètre au départ de Montréal et à l'arrivée en Gaspésie. Trouve le kilométrage parcouru pour l'aller-retour.

Départ : 25 692 km
Arrivée : 26 738 km

Traces de ma démarche

Parallèle et perpendiculaire

Des lignes, qu'elles soient droites ou non, sont **parallèles**
lorsqu'elles ne se rencontrent en aucun point, même lorsqu'on
les prolonge. Une ligne droite est appelée simplement une **droite**.

Exemples :

Lignes parallèles   Droites
parallèles

Droites
non parallèles

Dans l'expression **A // B**, le symbole **//** indique
que la droite A **est parallèle à** la droite B.

Exemple :

A

B

Des droites sont **perpendiculaires** si
elles se croisent ou pourraient se croiser
en un point en formant 4 angles droits.

Dans l'expression **A ⊥ B**, le symbole **⊥**
indique que la droite A **est perpendiculaire
à** la droite B.

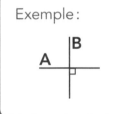

Exemple :

B

A

Un **segment de droite** est une portion de droite. Par exemple,
un quadrilatère est formé de 4 segments de droite. Tout comme
les droites, les segments de droite peuvent être parallèles,
perpendiculaires ou ni l'un ni l'autre.

Les angles : droit, aigu, obtus

L'angle formé par des segments
de droites perpendiculaires est
appelé **angle droit**.

Un angle plus petit qu'un angle
droit est appelé **angle aigu**.

Un angle plus grand qu'un angle
droit est appelé **angle obtus**.

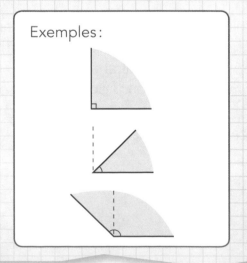

Exemples :

Les caractéristiques de certains quadrilatères

Un **quadrilatère** est un polygone à 4 côtés.

Le diagramme suivant permet de classer tous les quadrilatères qui existent.

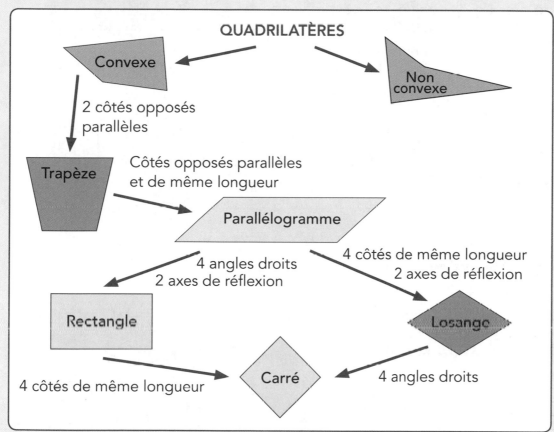

- Tous les carrés sont donc des rectangles.
- Tous les carrés sont aussi des losanges.
- Toutefois, tous les losanges et tous les rectangles ne sont pas nécessairement des carrés.

Pour trouver de façon précise le nom d'un quadrilatère, il faut suivre les flèches en commençant par le haut du diagramme. On arrête lorsque la description ne correspond pas au quadrilatère.

En suivant les flèches, ce diagramme permet aussi de trouver toutes les familles d'un quadrilatère. Par exemple, un carré fait partie de toutes les familles suivantes : les carrés, les rectangles, les losanges, les parallélogrammes, les trapèzes et les quadrilatères convexes.

La mesure d'aire

La mesure de l'étendue d'une surface est appelée **mesure d'aire**.

Pour mesurer l'aire d'une surface, il faut reporter une unité de mesure d'aire afin de couvrir la surface.

Exemple : Mesurer l'aire de la figure
avec l'unité de mesure suivante :

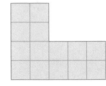

L'aire de la figure est
de 14 carrés-unités.

 Je m'exerce

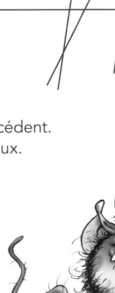

1 Observe les droites ci-contre.
Écris le symbole approprié (// ou ⊥).

a) B [   ] D

b) A [   ] F

c) C [   ] F

2 Observe les droites de l'exercice précédent.
Réponds aux questions par vrai ou faux.

a) D ⊥ F [   ]

b) A // C [   ]

c) B ⊥ E [   ]

3 Trace les droites demandées.

a) En rouge, une droite passant par le point B et parallèle à la droite A.

b) En bleu, une droite passant par le point B et perpendiculaire à la droite C.

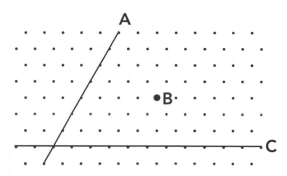

4 Indique si chaque angle est aigu, obtus ou droit.

a)

b)

c)

d)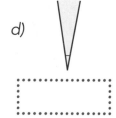

5 Indique le nom précis de chaque quadrilatère.

a)

b)

c)

d)

_____   _____   _____   _____

6 Vrai ou faux ?

a) Je fais partie de la famille des trapèzes.

b) Je fais partie de la famille des carrés.

c) Je fais partie de la famille des quadrilatères convexes.

d) Je fais partie de la famille des rectangles.

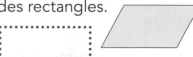

7 Pour chaque quadrilatère, inscris le nombre de chaque type d'angle indiqué. Mesure ensuite l'aire en carrés-unités.

Si le quadrilatère a des côtés parallèles, trace-les en rouge.

S'il a un axe de réflexion, trace-le en bleu.

a) 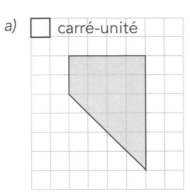 carré-unité

	Nombre
Angle aigu	_____
Angle obtus	_____
Angle droit	2

Aire : _____ carrés-unités.

b)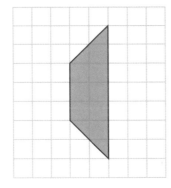

	Nombre
Angle aigu	_____
Angle obtus	_____
Angle droit	_____

Aire : _____ carrés-unités.

c)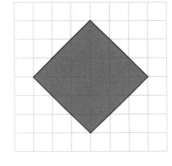

	Nombre
Angle aigu	_____
Angle obtus	_____
Angle droit	_____

Aire : _____ carrés-unités.

J'utilise mes connaissances

1. Trace les rectangles demandés. Pour chaque rectangle, indique la longueur et la largeur en unités de longueur. La mesure des côtés doit être un nombre entier.

> 1 carré-unité : ☐   1 unité de longueur : ⊢⊣

a) Tous les rectangles possibles dont l'aire est de 12 carrés-unités.

b) Tous les rectangles possibles dont l'aire est de 16 carrés-unités.

2. Quelle opération mathématique te permet de calculer l'aire des rectangles de l'exercice précédent sans avoir à la mesurer? Donne quelques exemples.

Le nombre décimal

Le **nombre décimal** est un nombre formé d'une partie entière et d'une partie décimale. Les deux parties sont séparées par une virgule.

Les nombres décimaux peuvent s'écrire sous la forme fractionnaire. Le dénominateur est toujours un multiple de 10.

Dans un tableau de numération, soixante-quinze centièmes s'écrit :

Centaines	Dizaines	Unités	Dixièmes	Centièmes
		0 ,	7	5

Soixante-quinze centièmes = 0,75

Le nombre 0,75 est composé de 7 dixièmes et de 5 centièmes.

0,7 + 0,05 = 0,75 parce que 7 dixièmes = 70 centièmes.

En fraction, soixante-quinze centièmes s'écrit $\frac{75}{100}$.

En résumé, soixante-quinze centièmes équivaut à 0,75 = $\frac{75}{100}$.

Le nombre décimal 8,5 se lit ainsi : huit et cinq dixièmes ou $8\frac{5}{10}$.

Lorsqu'il est question du premier chiffre à droite de la virgule, on dit **dixième.**

Un dixième ou $\frac{1}{10}$ ou 0,1 est 10 fois plus petit que l'entier.

Un nombre décimal peut être représenté sur une droite numérique. Pour situer 8,5 il faut subdiviser l'espace entre 8 et 9 en 10 parties. On situe 8,5 à la fin de la cinquième partie. Chaque petite section vaut donc $\frac{1}{10}$.

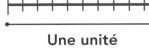
Une unité

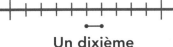
Un dixième

Le nombre décimal 9,24 se lit ainsi : neuf et vingt-quatre centièmes ou $9\frac{24}{100}$. Lorsqu'il est question du deuxième chiffre à droite de la virgule, on dit **centième.**

Un centième ou $\frac{1}{100}$ ou 0,01 est 100 fois plus petit que l'entier.

Pour situer 9,24, il faut diviser l'espace compris entre 9,2 et 9,3 en 10 petites parties. Ce sont des centièmes. Le nombre 9,24 se situe à la fin de la quatrième petite section.

Un centième

L'utilisation du nombre décimal dans la vie quotidienne

Voici quelques cas où nous utilisons les nombres décimaux.

L'argent

Les nombres décimaux sont utilisés lorsqu'il est question de la monnaie.

- 1 $ est composé de 100 ¢, donc 1 ¢ correspond à $\frac{1}{100}$ d'un dollar ou 0,01 $.

- 1 $ est composé de 10 × 10 ¢, donc 10 ¢ correspond à $\frac{1}{10}$ d'un dollar ou 0,10 $.

> Exemple : 2,24 $ correspond à 2 $ + 0,20 $ + 0,04 $.

La mesure de longueur

Les nombres décimaux peuvent également être utilisés lorsqu'il est question de la mesure de longueur.

> Exemple : 1 mètre et 50 centimètres peuvent s'écrire 1,50 m parce que 50 cm = 50 centièmes de mètre.

Je m'exerce

1 Observe les nombres suivants. Dans chaque cas :
  • associe chaque nombre de la colonne de gauche au nombre équivalent dans la colonne du centre.
  • associe chaque nombre de la colonne du centre au nombre équivalent dans la colonne de droite.

a) Sept dixièmes

b) Cinquante et cinq centièmes

c) Vingt-quatre centièmes

d) Deux cent treize et treize centièmes

50,05	$\dfrac{24}{100}$
0,7	$50\dfrac{5}{100}$
213,13	$\dfrac{7}{10}$
0,24	$213\dfrac{13}{100}$

2 Place les nombres décimaux sur la droite numérique.

| 2,5 | 3,7 | 0,9 | 1,35 | 4,25 | 3,2 |

3 Écris les nombres suivants dans le tableau de numération.

	Unités de mille	Centaines	Dizaines	Unités	Dixièmes	Centièmes
a) 2 167,8	_____	_____	_____	_____ ,	_____	_____
b) 4 034,56	_____	_____	_____	_____ ,	_____	_____
c) 80,09	_____	_____	_____	_____ ,	_____	_____
d) 0,35	_____	_____	_____	_____ ,	_____	_____

4 Écris les nombres de l'exercice précédent en ordre décroissant.

_____

5. Indique le nombre décimal représenté sur la grille.

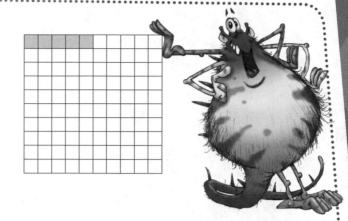

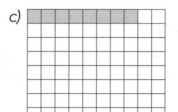 : centième

Exemple :
Partie coloriée : 0,05
Partie non coloriée : 0,95

a)
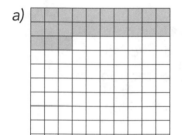

c)
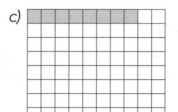

e)
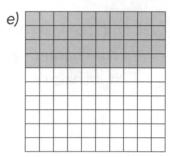

b)
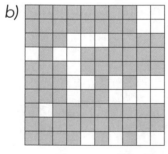

d)
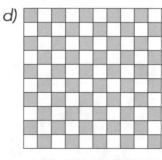

f)
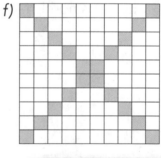

Unité 4 • Arithmétique   **27**

6 Place le symbole <, > ou = dans chaque cercle.

a) 2,35 ◯ 2,5   e) 1 235,7 ◯ 12 357

b) 2,85 ◯ 2,5   f) 8,9 ◯ 9,8

c) 3,40 ◯ 3,4   g) 61 ◯ 60,1

d) 21,28 ◯ 21,82   h) 4,7 ◯ 4,07

7 Complète les équivalences.
- Pour chaque fraction donnée, inscris un nombre décimal.
- Pour chaque nombre décimal donné, inscris une fraction.

a) $\dfrac{1}{2}$ = ⸬⸬⸬⸬   e) $\dfrac{1}{5}$ = ⸬⸬⸬⸬

b) $\dfrac{1}{4}$ = ⸬⸬⸬⸬   f) $\dfrac{5}{10}$ = ⸬⸬⸬⸬   i) ⸬⸬⸬ = 0,75

c) $\dfrac{6}{10}$ = ⸬⸬⸬⸬   g) $\dfrac{4}{5}$ = ⸬⸬⸬⸬   j) ⸬⸬⸬ = 0,35

d) $\dfrac{8}{10}$ = ⸬⸬⸬⸬   h) $\dfrac{3}{5}$ = ⸬⸬⸬⸬

8 Écris les nombres décimaux qui correspondent aux montants d'argent.

a) 35 × + 5 ×  ⸬⸬⸬⸬

b) 4 ×  +  + ⸬⸬⸬⸬

c) 4 ×  +  +  ⸬⸬⸬⸬

d)  + 3 ×  + 2 ×  ⸬⸬⸬⸬

9 Écris les nombres manquants dans chaque suite.

a) 10,5 _____ 11 _____ 11,5 _____ 12 _____

b) 9,24   9,32 _____ 9,48 _____ 9,64 _____ 9,8

c) 12,4   16,6 _____ _____ 29,2 _____ _____ 41,8

J'utilise mes connaissances

1 Tu fabriques une maquette. La moitié de celle-ci est occupée par un boisé. Une allée occupe 0,1 de l'espace de la maquette. L'allée se situe entre le jardin et le boisé. Le jardin occupe 0,15 de la maquette. Le reste de la maquette est composé du garage, de la résidence ainsi que de l'entrée.

Dessine la disposition du boisé, de l'allée et du jardin sur le plan fourni. Identifie bien chaque section.

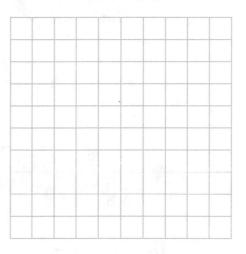

2 Sophie a 2,45 $ en pièces de 25 ¢, de 10 ¢ et de 5 ¢. Elle a exactement 20 pièces de monnaie. Combien de pièces de 25 ¢, de 10 ¢ et de 5 ¢ a-t-elle ?

> **Traces de ma démarche**

Unité 5

Le hasard, la stratégie ou l'habileté

Il y a des situations qui relèvent du **hasard**. D'autres situations exigent d'utiliser une **stratégie**. À l'occasion, c'est une question d'**habileté**.

Exemples :

- Obtenir le côté pile lorsqu'on lance une pièce de monnaie relève du hasard.

- Jouer aux dames et décider d'avancer sa dame sur une case plutôt qu'une autre est une décision que l'on prend. On doit être astucieux et faire le bon choix. Il faut connaître les règles du jeu. C'est une question de stratégie.

- Réussir à entrer le ballon de basketball dans le panier n'est pas du hasard. C'est une question d'entraînement et d'habileté.

- Avoir un bon résultat à un examen est une question d'effort, d'étude, de compréhension et d'habileté. Il n'y a pas de hasard lorsqu'on réussit bien.

Je m'exerce

1. Détermine si les situations suivantes relèvent du hasard ou de la stratégie, ou si c'est une question d'effort ou d'habileté.

a) Gagner à la loterie. _____

b) Gagner aux échecs. _____

c) Réussir ses exercices de mathématique. _____

d) Recevoir un méritas. _____

e) Gagner un prix si on a tiré mon nom parmi tous ceux

qui étaient dans la boîte. _____

Le vocabulaire de la probabilité

Les mots « possible », « impossible », « certain », « plus probable », « moins probable » et « également probable » sont des mots utilisés en probabilité.

- Il est **possible** d'obtenir le côté pile en lançant une pièce de monnaie.
- Il est **impossible** d'obtenir un 7 en lançant un dé à 6 faces numérotées de 1 à 6.
- Il est **certain** qu'on tirera le nom d'un élève de la classe si chaque élève a son nom dans la boîte de tirage.
- Il est **plus probable** de tirer une bille blanche d'un sac qui contient 15 billes blanches et 5 billes noires.
- Il est **moins probable** de tirer une bille noire s'il y a plus de billes blanches que de billes noires dans un sac.
- Il est **également probable** de tirer un nombre pair ou un nombre impair d'un sac contenant les nombres 1 à 10.

Je m'exerce

1 De quelle boîte est-il le plus probable de tirer une bille bleue ? Entoure cette boîte.

Si c'est également probable, entoure les deux boîtes. Explique ta réponse.

Stratégie

Pour t'aider à comprendre, tu peux utiliser du matériel et expérimenter la situation.

Par exemple, tu peux jouer à ce jeu avec tes amis. Il suffit de mettre des billes de couleur dans un sac. Essaie de prévoir ce qui arrivera avant que la bille soit tirée du sac.

a)

Explication : _____

_____

_____

b)

Explication : _____

_____

_____

L'expérimentation de situations liées au hasard

L'expérimentation de situations liées au hasard permet de constater ce qui pourrait se produire. Il faut toutefois répéter l'expérience plusieurs fois de suite pour s'en rendre compte.

Si tu as des amis qui peuvent expérimenter en même temps que toi, tu peux compiler tes données et celles de tes amis. Cela permet d'avoir plus de données en moins de temps.

 ## Je m'exerce

1. Tu veux faire l'expérience de lancer une pièce de monnaie 10 fois.

   Avant de commencer, essaie de prédire le résultat que tu obtiendras à chaque lancer. Note-le dans la colonne de gauche du tableau.

   Fais ensuite l'expérience. Compile les résultats et écris les données dans la colonne de droite. Écris **P** pour pile et **F** pour face selon les résultats que tu obtiens.

Le résultat que je prévois obtenir	Le résultat obtenu lorsque j'ai lancé la pièce
_____	_____
_____	_____
_____	_____

Voici les résultats de 4 autres personnes.
Ajoute tes résultats à ce tableau.

Résultats obtenus

	Juliette	Samuel	Nicolas	Kim	Moi	Total
Côté pile	5	4	6	4	_____	_____
Côté face	5	6	4	6	_____	_____

a) Est-ce que les prédictions que tu as faites avant l'expérience se sont réalisées ? Explique ta réponse.

_____

_____

_____

b) Pourquoi tout le monde n'a-t-il pas le même résultat ?

_____

_____

_____

c) Fais le total des résultats « côté pile » pour les 4 autres personnes et toi. Fais également le total des résultats « côté face ». Normalement, on pourrait croire que le résultat sera de 25 dans les 2 cas. Est-ce cela qui s'est produit ? Explique ta réponse.

_____

_____

_____

2 Un jeu consiste à faire tourner une roulette. Il faut prédire à quel endroit la bille pourrait tomber. On peut choisir une couleur ou un nombre. Si la bille tombe sur la couleur ou sur le nombre choisi, on peut rejouer.

Quelle couleur ou quel nombre faut-il choisir pour avoir plus de possibilités de rejouer ?

_____

_____

_____

_____

J'utilise mes connaissances

Antoine et Romy jouent avec des dés numérotés de 1 à 8. Antoine joue avec le dé vert et Romy, avec le dé rouge. Le jeu consiste à lancer les dés et à vérifier le produit qu'ils obtiendront.

- Remplis le tableau des résultats possibles.
- Complète les phrases qui suivent.

Dé rouge \ Dé vert	1	2	3	4	5	6	7	8
1	1	2	3	4	5	6	7	8
2						12	14	16
3				12	15			24
4			12	16		24		
5			15					
6		12		24				
7		14						
8	8	16	24					64

a) Il est plus probable d'obtenir le produit 16 que le produit _____.

b) Il est également probable d'obtenir le produit _____ que le produit 12 ou 24.

c) Il est moins probable d'obtenir le produit 16 que le produit _____.

d) Il est _____ d'obtenir les produits 13, 17, 19

parce que ce sont des _____

supérieurs à 8 et que le dé n'a que _____ faces.

e) Les résultats que l'on retrouve le plus

souvent sont 6, 8, 12 et 24.

Ils sont écrits _____ fois.

La multiplication

La **multiplication** est l'une des 4 opérations de base en arithmétique. Cette opération consiste à trouver le **produit** de 2 ou plusieurs termes appelés **facteurs**.

Exemple :

6	**×**	**4**	**=**	**24**
↓	↓	↓		↓
1ᵉʳ facteur	muliplié par (ou fois)	2ᵉ facteur		produit

- 6 et 4 sont les facteurs du nombre 24.
- 6 représente le nombre de fois qu'on répète l'ensemble de 4 éléments.

Exemple : $43 \times 2 = 86$

$\times 2 =$

Je m'exerce

1 Fais une représentation du résultat de chaque multiplication. Écris le produit obtenu.

a) $123 \times 3 = ?$

$\times 3 =$

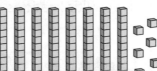

Produit : _____

b) $45 \times 2 = ?$

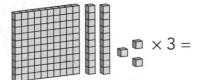

$\times 2 =$

Produit :

_____

2 Quelle illustration représente le résultat
de la multiplication 66 × 4 ?

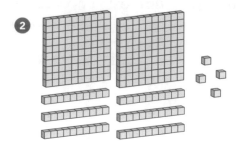

1

2

3

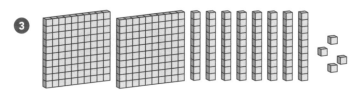

3 Écris les multiplications représentées et donne les résultats obtenus.

a)

gommes
à mâcher
25 morceaux   gommes
à mâcher
25 morceaux   gommes
à mâcher
25 morceaux

_____

b)

Bâtonnets
de café
48 pièces   Bâtonnets
de café
48 pièces

_____

c)

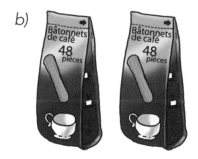

_____

La division

La **division** est l'une des 4 opérations de base en arithmétique. Elle consiste à chercher combien de fois un nombre est contenu dans un autre. La division, c'est aussi le partage en parts égales d'une certaine quantité d'objets ou d'une surface.

Exemple :   **45**   ÷   **5**   =   **9**

Dividende   Diviseur   Quotient

Exemple d'une division sans reste : 500 ÷ 4 = ?

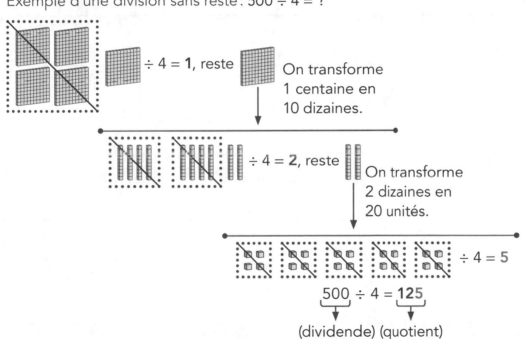

÷ 4 = **1**, reste   On transforme 1 centaine en 10 dizaines.

÷ 4 = **2**, reste   On transforme 2 dizaines en 20 unités.

÷ 4 = 5

500 ÷ 4 = **125**

(dividende) (quotient)

Lorsqu'il est impossible de partager en parts égales, il y a un **reste**.

Exemple d'une division avec un reste : 47 ÷ 2 = ?

1 On commence par les 4 dizaines.
On les divise par 2.   40 ÷ 2 = 20

÷ 2 =

2 On divise ensuite les unités.
7 unités ÷ 2 = 3 reste 1.   47 ÷ 2 = 23 reste 1

Je m'exerce

1 Pour chaque division, illustre le dividende
et écris le quotient obtenu.

Utilise la légende suivante. c =   d = ▌ u = ▫

a) 624 ÷ 3 = ?

$$\div\ 3 = \underline{\hspace{3cm}}$$

b) 67 ÷ 2 = ?

$$\div\ 2 = \underline{\hspace{3cm}}$$

c) 345 ÷ 5 = ?

$$\div\ 5 = \underline{\hspace{3cm}}$$

2 Relie chaque multiplication à la division correspondante.

a) 7 × 6 = 42   15 ÷ 3 = 5

b) 5 × 9 = 45   16 ÷ 4 = 4

c) 4 × 4 = 16   42 ÷ 7 = 6

d) 3 × 5 = 15   72 ÷ 8 = 9

e) 9 × 8 = 72   45 ÷ 5 = 9

J'utilise mes connaissances

1 Anouk a visité l'intérieur d'un avion. Elle a observé qu'il y avait :

- 24 rangées de 4 sièges au centre de l'avion ;
- 24 rangées de 3 sièges à gauche ;
- 24 rangées de 3 sièges à droite.

Combien de passagers peuvent monter à bord de cet avion ?

Traces de ma démarche

2 Zachary a acheté un sac de 390 perles de toutes les couleurs. Il décide de fabriquer des colliers identiques pour sa mère, sa grand-mère, ses deux sœurs et ses deux cousines. Il souhaite utiliser toutes les perles qu'il a achetées.

Combien de perles serviront à chacun des colliers ?

Traces de ma démarche

3 Voici trois étiquettes.   3   4   8

a) En utilisant chaque étiquette une seule fois par opération, écris le plus grand et le plus petit produit que tu peux obtenir.

b) En utilisant chaque étiquette une seule fois par opération, écris le plus grand et le plus petit quotient sans reste que tu peux obtenir.

Unité 7

Les prismes et les pyramides

Parmi tous les solides qui existent, il y a des solides particuliers.
Ils sont composés uniquement de faces planes qui ont la forme d'un
polygone. On peut classer ces solides particuliers en différentes familles.
Il y a entre autres la famille des **prismes** et la famille des **pyramides**.

La rencontre de 2 faces de ces solides est appelée **arête**. Le point
de rencontre de 3 ou de plusieurs arêtes est appelé **sommet**.

Arête

Sommet

Le cube a 6 faces,
12 arêtes et 8 sommets.

Un prisme est composé de 2 polygones identiques et parallèles
appelés **bases**. Les autres faces du prisme qui relient les bases sont
des parallélogrammes.

Une pyramide est composée d'une base. Les autres faces sont des triangles
qui se rencontrent en un seul sommet.

On nomme les prismes et les pyramides en fonction de la forme de leurs
bases : prisme à base triangulaire, pyramide à base carrée, etc.

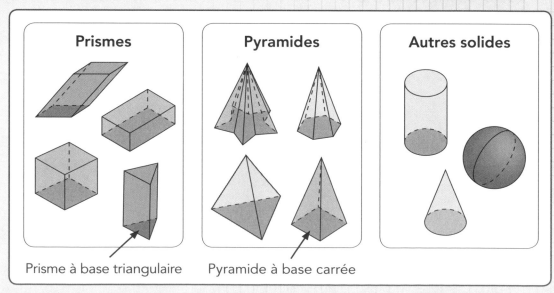

Prismes	Pyramides	Autres solides

Prisme à base triangulaire   Pyramide à base carrée

Les mesures de volume

Le **volume** d'un objet est la place qu'il occupe dans l'espace. Par exemple, le volume d'un réfrigérateur est plus grand que le volume d'un grille-pain. Le réfrigérateur occupe plus de place que le grille-pain.

On peut comparer le volume de deux objets en utilisant une unité de mesure dont le volume est plus petit que celui des objets à comparer. Par exemple, on peut utiliser le cube-unité pour comparer le volume de deux prismes. Il suffit de compter le nombre de cubes-unités pour chaque solide.

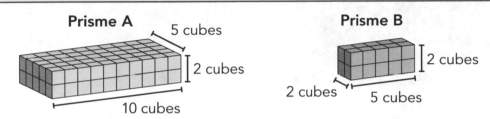

Prisme A
5 cubes
2 cubes
10 cubes
Volume : 100 cubes-unités

Prisme B
2 cubes
2 cubes
5 cubes
Volume : 20 cubes-unités

Le volume du prisme A est plus grand que le volume du prisme B.

On peut aussi comparer le volume de deux objets en les plongeant chacun dans un récipient d'eau. On mesure ensuite la quantité d'eau déplacée par chaque objet. L'objet ayant le plus grand volume déplacera le plus d'eau.

 Je m'exerce

1. Pour chaque solide, choisis la description qui convient.
   Inscris le numéro correspondant.

a) 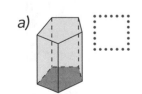 [ ]

b) 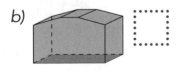 [ ]

c) 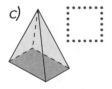 [ ]

1 5 faces
5 sommets
8 arêtes

2 5 faces
5 sommets
5 arêtes

3 7 faces
10 sommets
15 arêtes

4 8 faces
12 sommets
18 arêtes

5 7 faces
8 sommets
12 arêtes

Nom : _____ Date : _____

2 Observe les solides et remplis le tableau.

  A   **B**   **C** **D**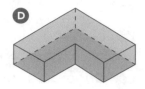

	A	B	C	D
Nombre de faces	_____	_____	_____	_____
Nombre de sommets	_____	_____	_____	_____
Nombre d'arêtes	_____	_____	_____	_____
Nom du solide	_____	_____	_____	_____

3 Les prismes à base rectangulaire A, B, C et D sont formés de cubes-unités ( ).

a) Trouve le volume du prisme A.

A ┈┈┈┈┈ cubes-unités

b) Trouve le nombre de cubes-unités qui correspond aux dimensions du prisme A.

Longueur : ┈┈┈ Largeur : ┈┈┈ Hauteur : ┈┈┈

c) Trouve le volume du prisme B, formé de la superposition de 4 prismes A.

 B ┈┈┈┈ cubes-unités

d) Trouve le nombre de cubes-unités qui correspond aux dimensions du prisme B.

Longueur : ┈┈┈ Largeur : ┈┈┈ Hauteur : ┈┈┈

e) Trouve le volume du prisme C. **C** .... cubes-unités

f) Trouve le nombre de cubes-unités qui correspond aux dimensions du prisme C.

Longueur : .... Largeur : .... Hauteur : ....

g) Trouve le volume du prisme D, formé de la superposition de 4 prismes C.

D .... cubes-unités

h) Trouve le nombre de cubes-unités qui correspond aux dimensions du prisme D.

Longueur : .... Largeur : .... Hauteur : ....

i) Dans le tableau ci-dessous, inscris tes réponses aux questions a) à h). Dans la dernière colonne du tableau, écris l'opération qui permet de calculer le volume de chaque prisme. Écris aussi le résultat de cette opération.

Prisme	Longueur (cubes-unités)	Largeur (cubes-unités)	Hauteur (cubes-unités)	Opération pour trouver le volume du prisme
A	_____	_____	_____	_____
B	_____	_____	_____	_____
C	_____	_____	_____	_____
D	_____	_____	_____	_____

La fraction

Une **fraction** représente une ou plusieurs parties équivalentes d'un tout appelé « entier ».

Une fraction peut aussi représenter une partie d'un ensemble ou d'une collection.

Une fraction s'écrit à l'aide de deux termes séparés par une barre horizontale.

Le terme au-dessus de la barre s'appelle le **numérateur**. Il indique le nombre de parties considérées sur le tout.

Le terme sous la barre s'appelle le **dénominateur**. Il indique en combien de parties équivalentes le tout a été divisé.

Exemples :

Numérateur $\longrightarrow$ $\dfrac{5}{8}$
Dénominateur $\longrightarrow$

$\dfrac{3}{10}$

$\dfrac{2}{5}$

 Je m'exerce

1 Quel est le numérateur des fractions représentées ?

a)

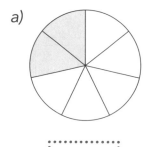

b)

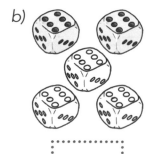

c)

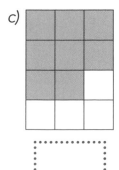

Stratégie

Le mot « numérateur » commence par **nu** comme le mot « **nu**age ». Les nuages sont en haut dans le ciel. Le numérateur se place donc au-dessus de la barre.

2 Quel est le dénominateur des fractions représentées ?

a)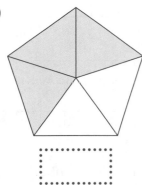

b)

c)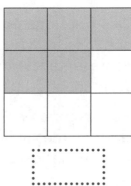

3 Quelles fractions sont représentées ?

a)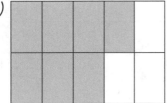

c)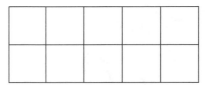

b)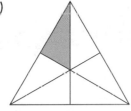

d)

4 Colorie la partie correspondant à chaque fraction.

a) $\frac{3}{4}$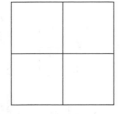

c) $\frac{7}{10}$

b) $\frac{5}{8}$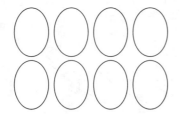

d) $\frac{5}{6}$

Les fractions équivalentes

Des **fractions équivalentes** sont des fractions qui représentent la même valeur d'un entier ou d'une collection.

Pour comparer des fractions équivalentes, il faut s'assurer que l'entier est le même.

Exemple :

$\frac{1}{3}$

$\frac{3}{9}$

$$\frac{1}{3} = \frac{3}{9} \text{ (avec un même entier)}$$

Pour trouver une fraction équivalente d'une collection, il faut comparer le nombre d'objets considérés dans la 1re collection et le reporter autant de fois que nécessaire dans la 2e collection.

Exemple :

$\frac{2}{5}$

$\frac{4}{10}$

$$\frac{2}{5} = \frac{4}{10}$$

 Je m'exerce

1 Représente une fraction équivalente pour chaque fraction illustrée. Écris cette nouvelle fraction.

a)

b) 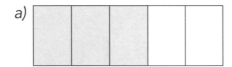 =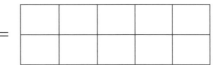

c)  =

2 Écris le symbole = dans le cercle si les fractions sont équivalentes.

a) 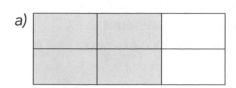 ○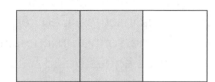

b) 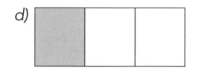 ○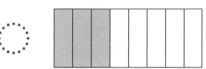

c)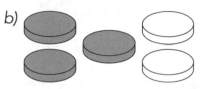

d) 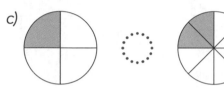 ○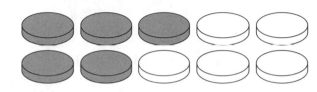

e)  ○

J'utilise mes connaissances

1 Tu décores une affiche en utilisant des feuilles d'arbres.

Tu as ramassé 20 feuilles, mais tu en as donné les $\frac{2}{5}$ à ton camarade.

Combien de feuilles te reste-t-il ?

Traces de ma démarche

2 Au centre de plein-air, on classe les 100 personnes inscrites par catégorie d'âge. Les enfants de 5 à 8 ans représentent les $\frac{3}{10}$ des personnes inscrites. Ceux âgés de 9 à 12 ans représentent la moitié des personnes inscrites. Le reste des participants sont des personnes âgées de 13 à 15 ans.

a) Combien de personnes inscrites y a-t-il dans chaque catégorie?

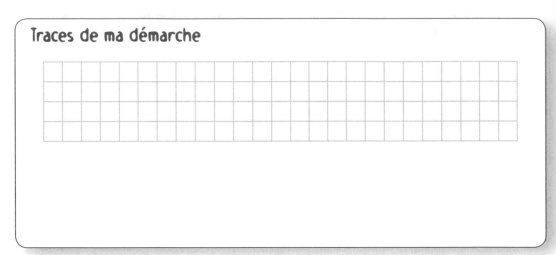

Traces de ma démarche

b) Quel groupe équivaut à la somme des deux autres?

Traces de ma démarche

3 Tu donnes le tiers de ta collection de 60 timbres. Si ta collection avait le double de timbres et que tu donnais le même nombre de timbres, quelle fraction de ta collection donnerais-tu?

Traces de ma démarche

L'enquête et le tableau de données

Pour mener une **enquête**, il faut tout d'abord formuler une question.
Cette question doit être très précise. Si elle manque de précision,
les données pourraient nous induire en erreur.

Les résultats d'une enquête peuvent être compilés et organisés à l'aide
d'un **tableau de données**. À l'aide de ce tableau, on peut :

- obtenir des informations ;
- prédire ce qui pourrait se passer ;
- analyser une situation ;
- construire des diagrammes.

Il faut toujours indiquer chacun des éléments d'un tableau de données :
le titre du tableau, ce que l'on veut compiler et les résultats obtenus.

Je m'exerce

1 Tommy désire connaître le chiffre préféré des élèves de 1re année de son
école. Il craint que les élèves confondent les mots « chiffre » et « nombre ».
Pour éviter ce problème, voici la question qu'il a posée dans son enquête.

> Quel est ton chiffre préféré ? Entoure la réponse de ton choix.
>
> 0   1   2   3   4   5   6   7   8   9

a) Qu'est-ce que Tommy a fait pour éviter que les élèves
confondent les mots « chiffre » et « nombre » ?

_____

b) Quel outil Tommy peut-il utiliser pour présenter les résultats
de son enquête ?

_____

c) Qu'est-ce que Tommy découvrira après avoir compilé les résultats ?

_____

2 Voici des données recueillies par Sébastien.

Véhicules ayant circulé entre 13 h et 15 h devant la maison

Type de véhicule	Nombre
Fourgonnette	15
Véhicule tout-terrain	18
Berline	25
Voiture sport	10
Autres	7

a) Complète le diagramme à bandes horizontales.

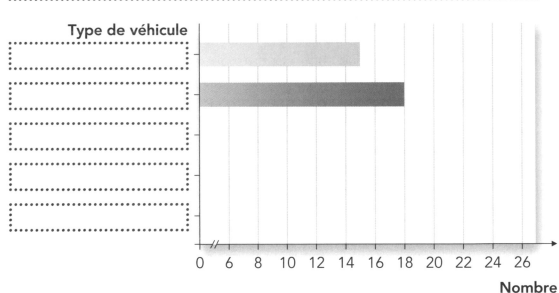

Type de véhicule

Nombre

b) Combien de véhicules ont circulé devant chez Sébastien entre 13 h et 15 h ?

Traces de ma démarche

3 Voici les prévisions locales de température du 1ᵉʳ octobre au 7 octobre.

Température pour la première semaine d'octobre

Date	1	2	3	4	5	6	7
Température (°C)	16	12	11	13	15	17	17

a) Complète le diagramme à ligne brisée qui correspond
aux données du tableau.

**Température pour
la première semaine d'octobre**

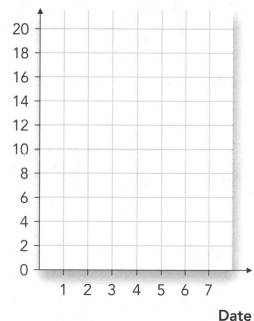
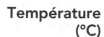

b) Quelle a été la journée la plus fraîche ? _____

c) De combien de degrés la température
a-t-elle varié entre le 1ᵉʳ et le 2 octobre ? _____

d) Combien de degrés de différence y a-t-il entre
la température du 2 octobre et celle du 6 octobre ? _____

e) De combien de degrés la température
a-t-elle varié entre le 3 et le 7 octobre ? _____

J'utilise mes connaissances

Des élèves de l'école Sainte-Marguerite font une enquête. Ils veulent savoir si la majorité des élèves recyclent. Voici les questions qu'ils ont composées.

Réponds à ces questions. Cela te permettra de te situer par rapport aux données qu'ils ont recueillies.

1. Je dépose les canettes vides au recyclage.   Oui ○   Non ○

2. Je dépose les contenants de plastique usagés au recyclage.   Oui ○   Non ○

3. Je dépose les papiers et cartons qui ne serviront plus au recyclage.   Oui ○   Non ○

Observe les résultats de l'enquête menée auprès d'élèves de 4ᵉ année.

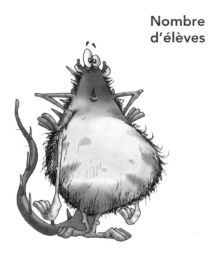

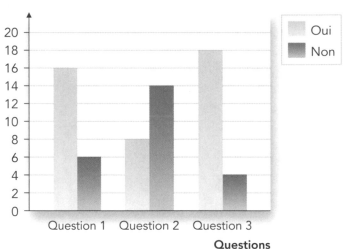

Articles déposés ou non au recyclage

a) Les articles les moins recyclés sont _____.

b) Les élèves qui recyclent les canettes vides sont trois fois plus nombreux que ceux qui recyclent les contenants de plastique. Vrai ou faux ?

_____

c) Les élèves qui recyclent les contenants de plastique représentent environ la moitié de ceux qui recyclent les papier et cartons. Vrai ou faux ?

_____

Les liens entre les unités de mesure de longueur

Pour trouver des équivalences de mesures de longueur, il faut bien comprendre le lien qui existe entre les unités de mesure.

Pour s'aider, on peut utiliser un tableau semblable au tableau de numération.

Exemple : On représente 1 200 mm dans un tableau.

m	dm	cm	mm
1	2	0	0
1	2	0	0
1	2	0	0
1	2	0	0

Stratégie

Puisque le nombre d'unités de départ représente une longueur en millimètres, il est certain que les équivalences en centimètres, en décimètres et en mètres seront des nombres plus petits que 1 200.

La flèche indique l'unité choisie pour trouver l'équivalence. Elle indique aussi le dernier chiffre à utiliser en commençant par la gauche pour lire le nombre entier d'unités. À droite de la flèche, les chiffres représentent la partie décimale. Il s'agit d'une fraction de l'unité de mesure choisie. Il faut donc ajouter une virgule entre la partie entière et la partie décimale.

Le tableau permet de voir que :
- 1 200 mm sont équivalents à 120,0 cm ou 120 cm ⠀⠀ 1 200 mm = 120 cm
- 1 200 mm sont équivalents à 12,00 dm ou 12 dm ⠀⠀ 1 200 mm = 12 dm
- 1 200 mm sont équivalents à 1,200 m ou 1,2 m ⠀⠀ 1 200 mm = 1,2 m

Exemple : On représente 225 mm dans un tableau.

Il faut parfois ajouter un 0 à la partie entière si le nombre d'unités de départ est inférieur à l'unité choisie.

Ici, 225 mm est inférieur à 1 m. Donc, 225 mm représente une fraction du mètre.

m	dm	cm	mm
	2	2	5
	2	2	5
	2	2	5
0	2	2	5

Le tableau permet de voir que :
- 225 mm = 22,5 cm
- 225 mm = 2,25 dm
- 225 mm = 0,225 m

On peut aussi trouver des équivalences à des mesures comportant un nombre décimal. La flèche indique l'unité choisie pour trouver l'équivalence. Si la flèche se trouve à droite de la virgule, il faut déplacer la virgule à droite pour lire le nombre. Si la virgule n'est pas nécessaire, on peut ensuite l'enlever. Il faut parfois ajouter un ou des 0 pour compléter le nombre.

Exemple : On représente 1,3 m dans un tableau.

Le tableau permet de voir que :
- 1,3 m équivaut à 13 dm
- 1,3 m équivaut à 130 cm
- 1,3 m équivaut à 1 300 mm

m	dm	cm	mm
1 ,	3		
1	3 ,		
1	3	0 ,	
1	3	0	0 ,

Stratégie

Puisque le nombre d'unités de départ représente une longueur en mètres, il est certain que les équivalences en décimètres, en centimètres et en millimètres seront des nombres plus grands que 1,3.

Si la flèche se trouve à gauche de la virgule, il faut déplacer la virgule à gauche. Si la partie entière équivaut à 0, il faut ajouter un 0 à gauche du nombre.

Exemple : On représente 32 cm dans un tableau.

Ici, le chiffre 3 représente 3 dizaines de centimètres. Donc, le chiffre 3 se trouve dans la colonne à gauche du chiffre 2. La virgule se trouve après le 2, car 32 cm = 32,0 cm.

m	dm	cm	mm
	3	2 ,	0
		3 ,	2
0 ,	3	2	
	3	2	0 ,

Le tableau permet de voir que :
- 32 cm équivaut à 3,2 dm
- 32 cm équivaut à 0,32 m
- 32 cm équivaut à 320 mm

Je m'exerce

1 Sans trouver les équivalences, indique si le nombre recherché sera plus petit ou plus grand que le nombre de départ. Écris le symbole < ou >.

a) 1 300 m = ? mm   Nombre recherché ( ) Nombre de départ

b) 22 cm = ? m   Nombre recherché ( ) Nombre de départ

c) 4,5 dm = ? cm   Nombre recherché ( ) Nombre de départ

d) 80 mm = ? cm   Nombre recherché ( ) Nombre de départ

2 Inscris le symbole < ou > dans chaque cercle.

a) 1,2 m ( ) 12 cm   g) 3,5 m ( ) 25 dm

b) 75 cm ( ) 8 dm   h) 6 dm ( ) 0,5 m

c) 23,5 cm ( ) 2 m   i) 3,5 m ( ) 2 500 mm

d) 0,5 m ( ) 40 cm   j) 45 mm ( ) 5 cm

e) 135 cm ( ) 13,5 m   k) 19 dm ( ) 100 cm

f) 150 mm ( ) 15 dm   l) 200 mm ( ) 3 dm

3 Associe chaque mesure de la colonne de gauche à celle de la colonne de droite qui est équivalente.

a) 10,5 cm   105 dm

b) 105 cm   105 mm

c) 10,5 m   1,05 m

4 Trouve les équivalences demandées. Utilise le tableau pour t'aider.

	m	dm	cm	mm	Équivalence
a)	1	3	4		134 cm = _____ mm
b)	2	0	1	5	2 015 mm = _____ m
c)	4	8,	6		48,6 dm = _____ cm
d)	7,	9	5		7,95 m = _____ dm
e)		7	8		78 cm = _____ m
f)			2	5	25 mm = _____ cm
g)		3,	5		3,5 dm = _____ mm
h)		6			6 dm = _____ m

Stratégie

Demande-toi si le nombre recherché sera plus grand ou plus petit que le nombre de départ.

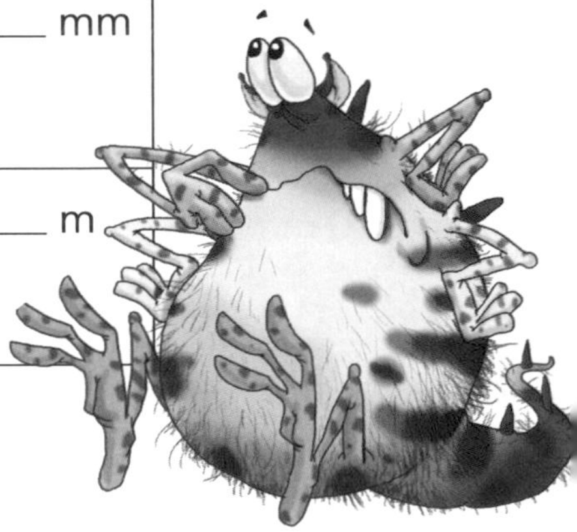

5 Effectue les opérations suivantes.

a) 10 m + 25 cm = _____ m

b) 50 cm + 6 dm + 4 cm + 3 m = _____ m

c) 2 dm + 0,05 m + 6 cm = _____ cm

J'utilise mes connaissances

1 Trois clients désirent acheter chacun une longueur de ruban :
1,5 m, 35 cm et 750 mm. Il reste 3 m de ruban dans le rouleau.
Est-ce que les trois clients pourront acheter leur ruban ?

> **Traces de ma démarche**

2 Roxane doit couvrir une surface rectangulaire avec des tuiles
carrées de 30 cm de côté. La longueur de la surface est de
2,7 m et la largeur est de 1,5 m. Combien de tuiles complètes
sont nécessaires ?

> **Traces de ma démarche**

Situation-problème

Un jeu de nombres et de hasard

Tu dois élaborer un jeu qui se joue à deux en respectant certaines consignes.

Voici le matériel dont tu auras besoin pour jouer.

- Deux grilles de nombres différentes (une grille par joueur).
- Des étiquettes associées aux nombres.
- 20 jetons.
- Un sac pour placer les étiquettes.

Consignes pour élaborer la grille de nombres

- Ta grille doit être quadrillée et doit représenter un carré de 9 cm de côté.
- Les cases de ta grille doivent mesurer 30 mm de côté.
- Dans chaque case, écris un nombre entre 500 et 1 500.
- Dans ta grille, il doit y avoir plus de nombres pairs que de nombres impairs.
- Au moins 5 nombres de ta grille doivent être supérieurs à 10 centaines.

Consignes pour élaborer les étiquettes

- Pour chaque nombre de ta grille, tu dois composer deux étiquettes.
- Sur la première étiquette, représente le nombre décomposé selon la valeur de position de chaque chiffre.
- Sur la deuxième étiquette, représente le nombre de la façon de ton choix. Tu peux trouver une expression équivalente au nombre. Tu peux aussi composer une devinette pour faire découvrir le nombre.

Les règles du jeu

1 Les deux joueurs placent toutes leurs étiquettes dans le même sac.

2 Chaque joueur prend la grille de nombres élaborée par l'autre joueur.

3 À tour de rôle, chaque joueur tire une étiquette du sac. Le joueur pouvant associer un nombre de sa grille à l'étiquette place un jeton sur le nombre.

4 Le premier joueur qui réussit à placer 3 jetons horizontalement, verticalement ou en diagonale sur sa grille gagne.

Avant de faire l'essai du jeu, réponds aux questions suivantes.

1 Est-ce qu'un joueur a plus de possibilités de gagner qu'un autre ? Explique ta réponse.

_____

_____

_____

_____

2 Est-il plus probable de tirer une étiquette d'un nombre pair ou d'un nombre impair ? Explique ta réponse.

_____

_____

_____

_____

La décomposition d'un nombre

Décomposer un nombre veut dire lui trouver une équivalence à l'aide d'opérations. Il existe différentes façons de décomposer un nombre : addition, multiplication ou combinaison d'opérations.

Exemples :
- $256 = 200 + 50 + 6$
- $256 = 16 \times 16$
- $256 = 25 \times 10 + 6$
- $256 = 2\,c + 5\,d + 6\,u$

Je m'exerce

1 Décompose chaque nombre à l'aide d'une addition de deux termes.

a) $45 = $ _____

b) $360 = $ _____

c) $125 = $ _____

d) $2\,500 = $ _____

e) $902 = $ _____

f) $759 = $ _____

2 Décompose chaque nombre en utilisant au moins une multiplication au début.

a) $4\,568 = $ _____

b) $2\,354 = $ _____

c) $660 = $ _____

d) $8\,050 = $ _____

e) $799 = $ _____

f) $930 = $ _____

3 Écris le nombre équivalent à chaque décomposition.

a) $2\,000 + 10 + 10 + 8 = $ _____

b) $5\,000 + 200 + 79 = $ _____

c) $500 \times 6 + 50 + 5 = $ _____

d) $400 \times 2 + 64 = $ _____

e) $9 \times 3 + 33 = $ _____

f) $2\,200 + 20 + 2 = $ _____

4 Relie chaque nombre à sa décomposition.

> **u de m** = unité de mille   **c** = centaine   **d** = dizaine   **u** = unité

a) 3 072   4 c + 11 d

b) 1 043   2 u de m + 1 c + 102 u

c) 2 202   3 u de m + 6 d + 12 u

d) 510   11 c + 15 d + 8 u

e) 1 258   1 u de m + 4 d + 3 u

5 Écris une décomposition du nombre représenté dans chaque encadré. Utilise une multiplication au début de ta décomposition.

a)

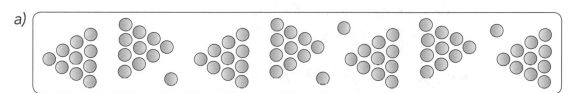

_____

b)

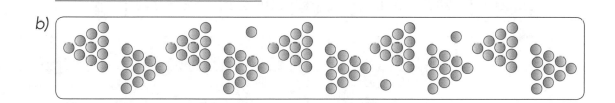

_____

c)

u de m	c	d	u

_____

d)

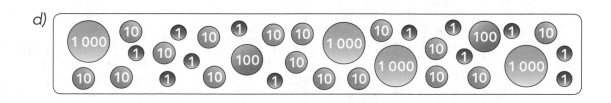

_____

6 Trouve les nombres-mystères.

a) Je suis le 12e nombre qui vient avant le nombre 665. _____

b) Je suis le 25e nombre qui vient après le nombre 1 043. _____

c) Je suis le 125e nombre qui vient après le nombre 1 002. _____

d) Je suis placé immédiatement avant
le 3e nombre qui suit le nombre 405. _____

e) Je suis placé immédiatement après
le 10e nombre qui suit le nombre 3 000. _____

f) Je suis placé immédiatement après
le 6e nombre qui vient avant le nombre 5 022. _____

g) Je suis placé immédiatement avant
le 11e nombre qui suit le nombre 954. _____

7 Complète chaque suite de nombres.

a)

320	324	328		336		344		

b)

104	99	94				74		

c)

31	42	53			86			

d)

222	215	208				180		

e)

356	359	362				374		380

f)

60	66	72					102	

g)

130	126	122		114				98

h)

159	149	139				99	89	

8 Observe les arrangements suivants.

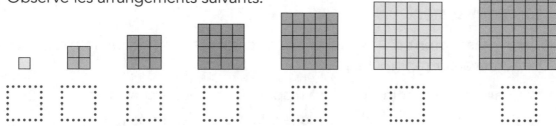

a) Écris dans l'encadré le nombre représenté par chaque arrangement.

b) Quelle est la propriété de ces nombres? _____

c) Écris la différence entre ces nombres pris 2 à 2. _____

d) Quelle est la propriété des nombres obtenus en c)? _____

9 Trouve :

a) deux nombres composés situés entre 125 et 130 ; _____

b) un nombre premier ayant 6 dizaines ; _____

c) deux nombres pairs situés entre 30 et 40 ; _____

d) un nombre premier situé entre 20 et 30 ; _____

e) un nombre carré situé entre 95 et 120. _____

10 Utilise les chiffres de ces étiquettes pour répondre à chaque énoncé.

| 1 | 2 | 0 | 5 | 7 | 4 |

a) Trouve un nombre premier à 2 chiffres. _____

b) Trouve un nombre carré. _____

c) Trouve un nombre à 2 chiffres, impair et composé. _____

d) Trouve un nombre pair à 2 chiffres supérieur à 60. _____

L'arrondissement

L'arrondissement d'un nombre est le remplacement de ce nombre par une valeur rapprochée.

Pour arrondir un nombre, il faut respecter les règles suivantes.

❶ Il faut considérer le chiffre placé à la droite de la position à laquelle on veut arrondir.

- Si ce chiffre est plus petit que 5, la valeur de position à laquelle on veut arrondir ne change pas.
- Si ce chiffre est plus grand ou égal à 5, cette valeur de position augmente de 1.

❷ On doit remplacer par des 0 tous les chiffres qui suivent la valeur de position arrondie.

> Exemples : Le nombre 3 245 arrondi à la centaine près devient 3 200.
> Le nombre 3 265 arrondi à la centaine près devient 3 300.

Je m'exerce

1 Arrondis chaque nombre à la centaine près.

a) 2 489 _____   c) 8 675 _____   e) 5 821 _____

b) 1 037 _____   d) 760 _____   f) 39 _____

2 Arrondis chaque nombre à l'unité de mille près.

a) 4 890 _____   c) 3 059 _____   e) 34 802 _____

b) 6 201 _____   d) 12 487 _____   f) 769 _____

3 Arrondis chaque nombre à la dizaine près.

a) 565 _____   c) 4 577 _____   e) 8 924 _____

b) 3 851 _____   d) 409 _____   f) 12 136 _____

J'utilise mes connaissances

1 Le propriétaire d'un restaurant a noté le nombre de clients qui sont venus goûter à ses plats au cours de la semaine.

Jour	Lundi	Mardi	Mercredi	Jeudi	Vendredi
Nombre de clients	92	87	82	124	135

Estime, à la centaine près, le total des clients. _____

2 En jouant au Monopoly, tu as ramassé 2 billets de 1 000 $, 6 billets de 100 $, 14 billets de 10 $ et 23 billets de 1 $. Ton amie Mélanie affirme qu'elle a gagné, car elle a ramassé un total de 2 645 $. A-t-elle raison ? Justifie ta réponse en comparant vos gains.

Traces de ma démarche

3 Ton grand-père te demande de l'aider à placer des pièces de 10 ¢ dans des rouleaux de plastique. Chaque rouleau contient 50 pièces de 10 ¢. Si vous avez 20 rouleaux et qu'il reste 32 pièces de 10 ¢, combien de pièces de 10 ¢ ton grand-père a-t-il ramassées ?

Traces de ma démarche

Je m'exerce

1 Représente chaque fraction en la coloriant sur l'entier ou sur la collection.

a) $\dfrac{7}{8}$

b) $\dfrac{3}{9}$

c) $\dfrac{5}{20}$

d) $\dfrac{25}{100}$

e) $\dfrac{1}{3}$

f) $\dfrac{3}{15}$

g) $\dfrac{5}{6}$

h) $\dfrac{8}{40}$

i) $\dfrac{4}{7}$

j) $\dfrac{10}{12}$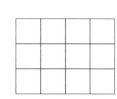

Stratégie

Rappelle-toi que la fraction peut représenter une partie d'un entier ou d'une collection.

2 En utilisant les fractions de l'exercice précédent, trouve 2 paires de fractions équivalentes. Justifie ta réponse par une représentation.

3 Place les fractions en ordre croissant.

Stratégie

Souviens-toi que le numérateur indique le nombre de parties considérées dans la fraction.

a) $\dfrac{4}{5}$ $\dfrac{2}{5}$ $\dfrac{3}{5}$ $\dfrac{1}{5}$ ____ ____ ____ ____

b) $\dfrac{8}{10}$ $\dfrac{4}{10}$ $\dfrac{1}{10}$ $\dfrac{9}{10}$ ____ ____ ____ ____

c) $\dfrac{6}{7}$ $\dfrac{3}{7}$ $\dfrac{2}{7}$ $\dfrac{4}{7}$ ____ ____ ____ ____

d) $\dfrac{4}{12}$ $\dfrac{6}{12}$ $\dfrac{5}{12}$ $\dfrac{11}{12}$ ____ ____ ____ ____

e) $\dfrac{8}{9}$ $\dfrac{3}{9}$ $\dfrac{5}{9}$ $\dfrac{6}{9}$ ____ ____ ____ ____

4 Complète les fractions équivalentes et écris les nombres décimaux correspondants.

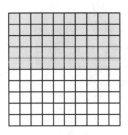

Stratégie

Utilise la centaine de ton matériel en base 10 ou du papier quadrillé.

Exemple : $\dfrac{1}{2} = \dfrac{50}{100}$ ou 0,50 ou 0,5

a) $\dfrac{1}{5} = \dfrac{\Box}{10}$ ou $\boxed{}$

b) $\dfrac{1}{4} = \dfrac{\Box}{100}$ ou $\boxed{}$

c) $\dfrac{8}{20} = \dfrac{\Box}{10}$ ou $\boxed{}$

d) $\dfrac{10}{50} = \dfrac{\Box}{100}$ ou $\boxed{}$

e) $\dfrac{5}{25} = \dfrac{\Box}{100}$ ou $\boxed{}$

f) $\dfrac{5}{50} = \dfrac{\Box}{100}$ ou $\boxed{}$

g) $\dfrac{3}{4} = \dfrac{\Box}{100}$ ou $\boxed{}$

h) $\dfrac{3}{5} = \dfrac{\Box}{100}$ ou $\boxed{}$

5 Écris 2 fractions équivalentes représentées par chaque situation.

a) Léo joue aux cartes. Il partage également 15 cartes entre ses 2 amis et lui. Quelle fraction des cartes chacun aura-t-il ?

☐ et ☐

b) Amanda coupe une tarte en 8 parts égales. Son père en mange 2. Quelle fraction représente les parts de tarte mangées ?

☐ et ☐

c) Tes 3 petites sœurs font une collection de clés. Tu en as ramassé 9 et tu les partages également entre elles. Quelle fraction des clés chacune recevra-t-elle ?

☐ et ☐

d) Sébastien joue au hockey. Il a compté 3 buts et son équipe a gagné 6 à 2. Quelle fraction représente la part des buts comptés par Sébastien dans le pointage de son équipe ?

☐ et ☐

e) Théo vend des tablettes de chocolat. Il a vendu 24 des 36 tablettes de chocolat que sa boîte contenait. Quelle fraction représente les tablettes de chocolat vendues sur l'ensemble des tablettes ?

☐ et ☐

6 Dans une municipalité, 4 électeurs sur 10 désirent une piscine extérieure près du parc.

a) Quelle fraction représente cette situation ?

☐

b) Quelle est la fraction équivalente s'il y a un total de 100 électeurs ?

☐

7 Voici des réglettes Cuisenaire. Elles mesurent de 1 à 10 centimètres.

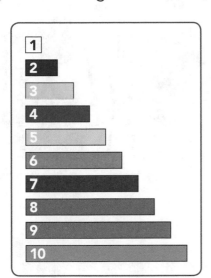

Si on reporte la réglette blanche 3 fois, on obtient la réglette vert clair.

Fraction : $\dfrac{1}{3}$

Si on reporte la réglette rouge 3 fois, on obtient la réglette vert foncé, ce qui fait $\dfrac{2}{6}$.

Fraction : $\dfrac{2}{6} = \dfrac{1}{3}$

Trouve 2 paires de fractions équivalentes en utilisant les réglettes.

8 Complète les équivalences en choisissant l'étiquette appropriée.

$\boxed{\dfrac{2}{8}}$ $\boxed{\dfrac{3}{6}}$ $\boxed{\dfrac{4}{10}}$ $\boxed{\dfrac{6}{6}}$ $\boxed{\dfrac{3}{9}}$ $\boxed{\dfrac{4}{6}}$

a) $\dfrac{1}{2} = \boxed{}$

c) $\dfrac{2}{3} = \boxed{}$

e) $\dfrac{2}{5} = \boxed{}$

b) $\dfrac{1}{3} = \boxed{}$

d) $\dfrac{1}{4} = \boxed{}$

f) $\dfrac{8}{8} = \boxed{}$

J'utilise mes connaissances

1 Dans un cours d'arts plastiques, chaque élève doit faire le portrait de son coéquipier. Tous exposent leurs œuvres.

Parmi les 32 portraits :

a) il y a 16 élèves qui portent des lunettes. Écris 2 fractions équivalentes qui représentent cette situation.

c) il y a 8 élèves aux cheveux blonds, 4 élèves aux cheveux roux, 16 élèves aux cheveux châtains. Les autres élèves ont les cheveux bruns.

Représente chaque groupe par rapport à l'ensemble de la classe.

2 Ton père prépare des sandwichs pour un goûter entre amis. Il dispose 48 sandwichs dans une assiette. Après le goûter, il reste 8 sandwichs. Ton père affirme que les $\dfrac{5}{6}$ de ses sandwichs ont été mangés. A-t-il raison ? Justifie ta réponse à l'aide d'une fraction.

Plan cartésien, axes et couple de nombres

Pour situer de façon précise un point dans le plan, on utilise un système de deux droites de nombres graduées perpendiculaires. Ces droites sont appelées **axes**. Pour chaque nombre situé sur l'axe, on trace une droite perpendiculaire à l'axe. Le plan formé par toutes les droites s'appelle le **plan cartésien**.

Le point de rencontre de deux droites est représenté par un **couple de nombres**. Le premier nombre du couple correspond à l'axe horizontal et le deuxième correspond à l'axe vertical.

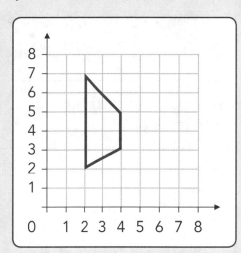

Par exemple, les sommets du trapèze tracé sur le plan cartésien ci-contre correspondent aux couples (2, 2), (4, 3), (4, 5) et (2, 7).

Le point de rencontre des deux axes est représenté par le couple (0, 0).

Le périmètre

Le **périmètre** est la mesure de la longueur du pourtour d'une figure plane fermée.

Voici un aide-mémoire pour ne pas confondre les notions de périmètre et d'aire.

Périmètre   **Pourtour** → Les deux mots commencent par un **P**.

Exemple :

Pour trouver le **p**érimètre d'une figure, il faut trouver le nombre de fois qu'on reporte la longueur ⊢⊣ sur le **p**ourtour de la figure.

Pour trouver l'aire d'une figure, il faut trouver le nombre de fois qu'on reporte le carré-unité ▨ pour couvrir entièrement la figure.

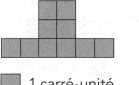

▨ 1 carré-unité
⊢⊣ 1 unité de longueur

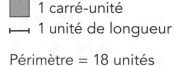

Périmètre = 18 unités de longueur
Aire = 10 carrés-unités

La frise

Une **frise** est une bande décorative produite par la répétition régulière d'un motif.

Exemple :

On peut créer certaines frises à partir d'un motif et de sa réflexion qu'on répète.

Exemples :

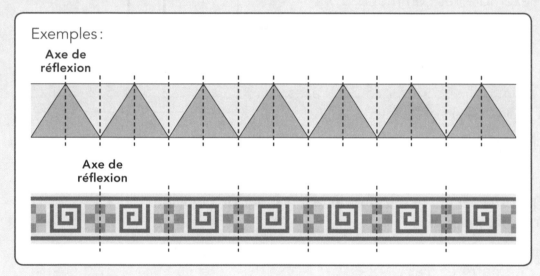

Le dallage

Le **dallage** consiste à recouvrir une surface plane à l'aide de figures géométriques en respectant les conditions suivantes.

• Il n'y a aucun espace libre entre les figures.

• Aucune figure n'est superposée à une autre.

• On observe une régularité : une répétition d'un ou de plusieurs motifs.

Parfois, on peut créer un dallage à partir d'un motif et de plusieurs axes de réflexion.

Les figures géométriques sont appelées « tuiles ». Les tuiles peuvent être composées d'une seule sorte de figure ou de figures différentes.

Exemples : • Dallage créé à partir de tuiles carrées.

Le motif en forme de croix se répète de façon régulière.

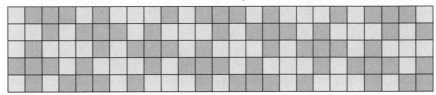

• Dallage créé à partir de tuiles triangulaires.

Le motif est plus complexe. On peut voir des axes de réflexion verticaux et horizontaux.

Axe de réflexion   **Axe de réflexion**   **Axe de réflexion**

Axe de réflexion

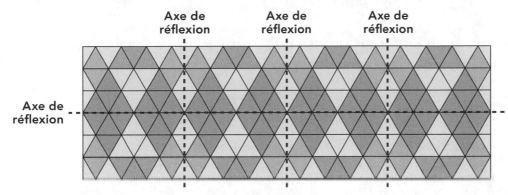

La figure symétrique

Certaines figures peuvent être pliées en deux de façon que les deux parties se superposent entièrement. On dit alors qu'il s'agit de **figures symétriques**. L'axe de pliage est appelé « axe de réflexion ».

Exemples :

Ce triangle a un seul axe de réflexion.

Axe de réflexion

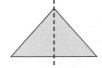

Le carré a 4 axes de réflexion.

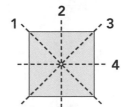

Je m'exerce

1 Observe la figure ci-contre.

- Trouve le périmètre, en unités de longueur.
- Trouve l'aire, en carrés-unités.
- Vérifie ensuite si la figure est symétrique.
  Si oui, inscris le nombre d'axes de réflexion.

Périmètre : _____

Aire : _____

Nombre d'axes de réflexion : _____

⊢—⊣ unité de longueur

▢ carré-unité

2 Dans le plan cartésien ci-dessous, trace les figures planes fermées à partir des caractéristiques fournies.

A **Carré**
Sommets connus :
(1, 2) et (3, 4)
Aire : 4 carrés-unités

C **Trapèze**
2 angles droits
Sommets connus :
(6, 5), (9, 5) et (12, 1)

B **Quadrilatère**
4 angles droits
Aire : 15 carrés-unités
Sommet connu : (7, 6)

D **Parallélogramme**
Sommets connus :
(16, 11), (20, 1) et (16, 4)

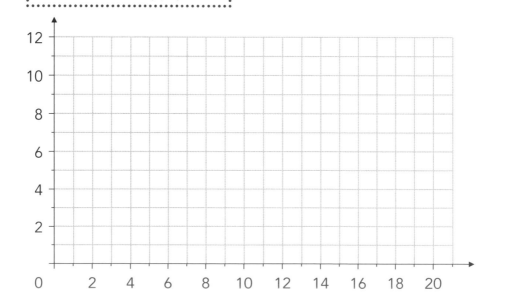

3 Écris le numéro des étiquettes qui correspondent à chaque figure.

- **1** Parallélogramme
- **2** Convexe
- **3** Quadrilatère
- **4** Rectangle
- **5** Trapèze
- **6** Losange
- **7** Carré

a)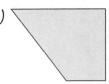

b)

c)

d)

_____   _____   _____   _____

_____   _____   _____   _____

4 Sur le plan cartésien, trace les droites à partir des indications fournies. Identifie chaque droite à l'aide des lettres A, B, C ou D.

- **A** Droite qui passe par les points (2, 1) et (8, 7).
- **B** Droite qui passe par les points (4, 8) et (3, 10).
- **C** Droite parallèle à la droite B et qui passe par le point (5, 11).
- **D** Droite perpendiculaire à la droite A et qui passe par le point (3, 4).

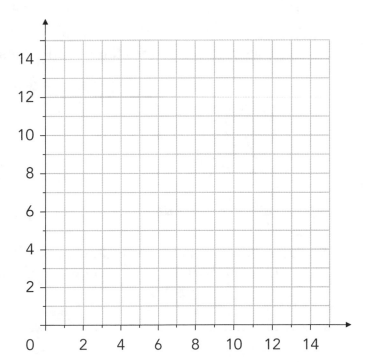

5 Sur chaque figure ci-dessous, on a identifié un angle.

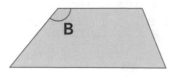
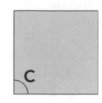
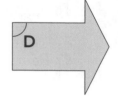

a) Dans chaque cas, choisis l'expression appropriée parmi les suivantes.

plus petit que   plus grand que   identique à

1 L'angle B est _____ l'angle D.

2 L'angle C est _____ l'angle D.

3 L'angle A est _____ l'angle B.

4 L'angle D est _____ l'angle A.

b) Pour chaque angle, indique s'il s'agit d'un angle aigu,
d'un angle obtus ou d'un angle droit.

Inscris un X à l'endroit approprié dans le tableau.

	A	B	C	D
Angle aigu				
Angle obtus				
Angle droit				

6 Complète la frise à partir du motif de départ. Tu dois répéter ce motif
en utilisant la réflexion. Le premier axe de réflexion est déjà tracé.

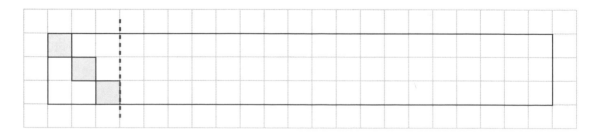

7 Observe les figures et remplis le tableau ci-dessous.

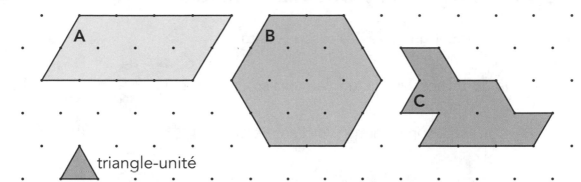

triangle-unité

Polygone	Périmètre	Aire
A	_____ cm	_____ triangles-unités
B	_____ cm	_____ triangles-unités
C	_____ cm	_____ triangles-unités

8 Trace le motif de ton choix dans la partie grisée pour former une tuile. Ton motif doit avoir au moins deux couleurs différentes.

Complète ensuite le dallage à partir de la tuile et des axes de réflexion déjà tracés.

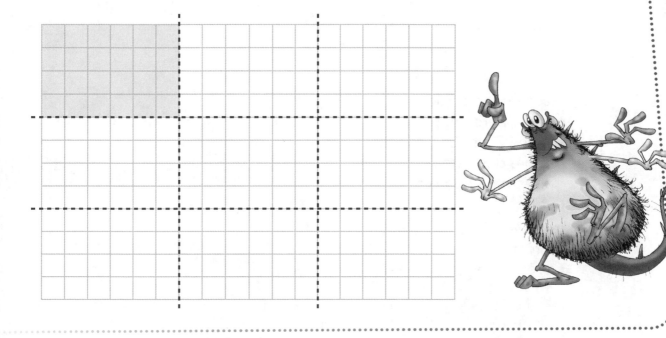

J'utilise mes connaissances

1 Carl doit tracer un carré. Voici son résultat.

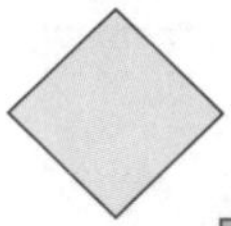

Melina doit tracer un rectangle. Voici son résultat.

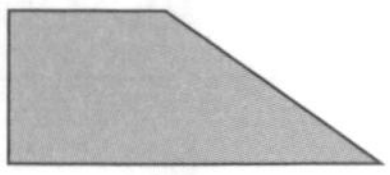

Alex doit tracer un losange. Voici son résultat.

Qui a obtenu un résultat satisfaisant ? _____

Explique ta réponse à l'aide des caractéristiques des quadrilatères.

_____

_____

_____

_____

2 Trace un quadrilatère ayant 2 angles aigus et 2 angles obtus.

3 Trace un rectangle dont le périmètre est de 22 cm. La mesure des côtés doit être un nombre entier.

Indique l'aire du rectangle en carrés-unités.

4 Réalise un dallage en tenant compte des indications suivantes.

- La largeur du dallage est de 12 cm. Sa hauteur est de 8 cm.
- L'aire de chaque tuile carrée du dallage est de 16 carrés-unités.
- Le motif dessiné sur une tuile est symétrique et composé d'au moins 2 couleurs différentes.
- Sur le motif, on distingue clairement au moins 1 parallélogramme.
- Le motif de ton dallage doit subir une réflexion par rapport à l'axe horizontal et 2 réflexions par rapport à l'axe vertical.

☐ carré-unité

Plus probable, moins probable, également probable

Les mots « plus probable », « moins probable » et « également probable » servent à comparer la probabilité de deux résultats possibles.

Voici une roulette.

- Il est **plus probable** d'obtenir le rouge que d'obtenir le bleu lorsqu'on fait tourner cette roulette. L'aire de la surface rouge est deux fois plus grande que l'aire de la surface bleue. Il y a donc **deux fois plus** de possibilités d'obtenir le rouge.

- Il est **moins probable** d'obtenir le jaune que d'obtenir le rouge. Le jaune n'occupe que le quart de la roulette alors que le rouge en occupe la moitié. Il y a donc **deux fois moins** de possibilités d'obtenir le jaune.

- Il est **également probable** d'obtenir le bleu ou le jaune. En effet, ces deux couleurs occupent un espace de même grandeur sur la roulette.

La ligne des probabilités

La **ligne des probabilités** est une façon de représenter des probabilités. Elle permet de percevoir si un événement est plus probable ou moins probable qu'un autre.

La roulette ci-contre a 3 couleurs.

- Le rouge occupe les $\frac{2}{4}$ de la roulette.

- Le bleu occupe le $\frac{1}{4}$ de la roulette.

- Le jaune occupe le $\frac{1}{4}$ de la roulette.

Les probabilités d'obtenir chacune de ces couleurs sont indiquées sur la ligne des probabilités de la page suivante.

Il y a 4 sections de même dimension sur la roulette. On partage donc l'espace entre **impossible** et **certain** en 4 sections de même longueur. Entre **impossible** et **certain** tout est **possible**.

Observe la ligne suivante.

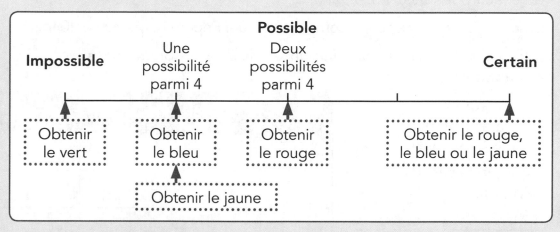

Sur cette roulette :

- Il est **impossible** d'obtenir le vert.
- Il est **également probable** d'obtenir le bleu ou le jaune.
- Il est **plus probable** d'obtenir le rouge. Le rouge est situé au centre de la ligne des probabilités. Il vient après le jaune et le bleu.
- Il est **moins probable** d'obtenir le jaune que d'obtenir le rouge.
  Le jaune se situe avant le rouge comme $\frac{1}{4}$ vient avant $\frac{2}{4}$.
- Il est **moins probable** d'obtenir le bleu que d'obtenir le rouge.
  Le bleu se situe avant le rouge comme $\frac{1}{4}$ vient avant $\frac{2}{4}$.
- Il est **certain** qu'on peut obtenir le rouge, le bleu ou le jaune.

 # Je m'exerce

1 Mahée a un cube sur lequel chaque face porte une lettre.
   Voici ce qui est écrit sur les faces du cube : A, A, B, C, C, C.

   a) Quelle est la lettre qui a le plus de possibilités d'être obtenue
   en lançant ce cube ?

   _____

   b) Quelle est la lettre qui a le moins de possibilités d'être obtenue ?

   _____

2 Prends deux dés et colle les nombres suivants sur les 6 faces de chacun des dés : 1, 2, 2, 3, 3, 3.

Lance les 2 dés et calcule la somme obtenue. Répète l'expérience 20 fois.

Dans le tableau ci-dessous, fais un ✓ vis-à-vis la somme obtenue à chaque lancer.

Écris la somme que tu as obtenue le moins souvent.

Explique pourquoi selon toi.

_____

_____

_____

_____

_____

Somme des dés	Nombre de lancers	Total
2	_____	_____
3	_____	_____
4	_____	_____
5	_____	_____
6	_____	_____
7	_____	_____

3 Un sac contient des étiquettes sur lesquelles sont écrits les mots suivants.

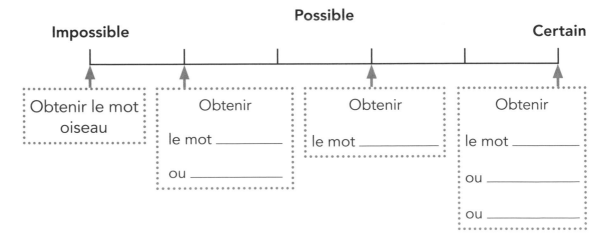

chat   chien   souris   souris   souris

Indique dans chacun des encadrés de la ligne des probabilités ce que tu pourrais obtenir en tirant une des étiquettes.

Possible

Impossible   **Certain**

Obtenir le mot oiseau

Obtenir le mot _____ ou _____

Obtenir le mot _____

Obtenir le mot _____ ou _____ ou _____

J'utilise mes connaissances

1 Dans un pot, il y a 10 bonbons à la cerise et 10 bonbons à l'orange. Christophe a fait un tableau et il y a noté ce qui se produit lorsqu'il tire un bonbon à la fois pour le manger.

Observe le tableau et complète-le.

Bonbons mangés	Nombre de bonbons à la cerise	Nombre de bonbons à l'orange	Est-ce plus probable, moins probable ou également probable que le prochain bonbon tiré soit à la cerise ?
0	10	10	Également probable
1	9	10	Moins probable
2	8	10	_____
3	7	10	_____
4	7	9	_____
5	7	___	_____
6	___	8	_____
7	___	7	_____
8	___	6	_____
9	___	5	Plus probable
10	6	___	_____

a) Combien de fois Christophe a-t-il réussi à avoir un bonbon à la cerise ? _____

b) Combien de fois Christophe a-t-il réussi à avoir un bonbon à l'orange ? _____

c) Combien de bonbons reste-t-il dans le pot ? _____

2 Une machine contient des peluches : 15 oursons, 20 lapins, 10 chats, 50 serpents et 5 lions. Quand tu y insères des pièces de monnaie, une peluche tombe. Tu n'aimes pas les serpents. Si tu débourses la somme nécessaire pour avoir une peluche, tu auras dépensé toutes tes économies.

Crois-tu que tu devrais essayer ? Explique ta réponse.

_____

_____

_____

_____

_____

3 Dans un sac, il y a 15 billes bleues, 12 billes orange, 18 billes vertes, 13 billes rouges et 25 billes roses. Réponds aux énoncés suivants et justifie tes réponses.

a) Il est plus probable de tirer une bille orange que toute autre bille. Vrai ou faux ?

_____

_____

b) Il est moins probable d'obtenir une bille bleue qu'une bille rose. Vrai ou faux ?

_____

_____

c) Ton enseignant te dit que si tu tires une bille rouge de ce sac, tu gagneras un crayon. Si la bille tirée n'est pas rouge, tu ne gagneras pas le crayon. Est-il plus probable ou moins probable de gagner ce crayon ?

_____

_____

Le développement du prisme et de la pyramide

On peut défaire un prisme ou une pyramide pour faire apparaître toutes ses faces réunies dans un même plan. C'est ce qu'on appelle le **développement** du prisme ou de la pyramide.

On peut reconstruire le prisme ou la pyramide à partir de son développement en le pliant le long des arêtes.

Exemples :

Le solide	Sa composition	Son développement
Prisme à base carrée	2 carrés (bases) 4 rectangles (autres faces)	
Prisme à base triangulaire	2 triangles (bases) 3 rectangles (autres faces)	
Pyramide à base carrée	1 carré (base) 4 triangles (autres faces)	
Pyramide à base triangulaire	1 triangle (base) 3 triangles (autres faces)	

Certains solides peuvent avoir plusieurs modèles de développement. Par exemple, il existe 11 développements différents du cube.

Je m'exerce

1 Reproduis chaque développement sur du papier quadrillé.
Découpe les développements et plie-les le long des arêtes pour
reconstruire les solides. Que remarques-tu ?

_____

C

B A B A

C

C

B A B A

C

2 Observe les solides suivants.

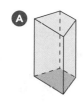 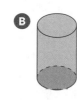

 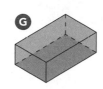

a) Indique les solides qui sont des prismes. _____

b) Indique les solides qui sont des pyramides. _____

c) Associe chaque développement au solide correspondant.

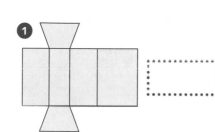   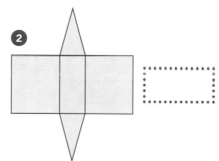

3 Complète les phrases suivantes.

a) Je suis un prisme ayant _____ sommets. Mes 6 faces sont identiques.

On me nomme _____.

b) Je suis un solide ayant 2 bases triangulaires et _____ faces

_____. Je suis _____ à base triangulaire.

c) Je suis un solide à faces planes ayant 5 sommets.

Je suis _____ à base rectangulaire.

d) Je ne suis ni un prisme ni une pyramide. J'ai une base et

une surface courbe. On me nomme _____.

Nom : ______________________ Date : ______________

J'utilise mes connaissances

1 Trace le développement de chaque solide à partir des caractéristiques données. Identifie le développement avec la lettre correspondante.

A Une pyramide à base triangulaire

L'aire totale de son développement est de 16 triangles-unités.

B Un prisme à base triangulaire

Le périmètre de la base est de 6 cm.
Le périmètre de chacune des autres faces est d'environ 11 cm.

Stratégie
Utilise une règle pour mesurer les côtés des faces du prisme.

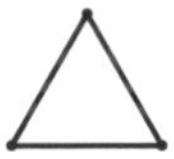
triangle-unité

2 Cynthia dit que le développement d'une pyramide à base rectangulaire sera composé de 1 rectangle et de 4 triangles identiques. Est-ce que Cynthia a raison ? Explique ta réponse.

Je m'exerce

1 Indique l'opération qu'il faut effectuer pour chaque situation.

| Addition | Soustraction | Multiplication | Division |

a) Tu dois trouver le produit de 2 nombres. _____

b) Tu cherches le nombre de pages
qu'il te reste à lire pour finir ton livre. _____

c) Tu sépares ta collation en parties égales avec ton ami. _____

d) Tu comptes toute la monnaie que ta tirelire contient. _____

e) Tu dois trouver la différence d'âge entre ta mère et toi. _____

2 Indique 2 opérations qu'il faut effectuer pour chaque situation.

| Addition | Soustraction | Multiplication | Division |

a) Daphné dénombre le total de ses billes : 13 bleues, 8 rouges
et 9 jaunes. Elle les regroupe ensuite par 5.

Combien de groupes de 5 peut-elle faire ? _____ et _____

b) Clara sélectionne des jouets qu'elle donnera à ses voisines.
Elle étale 23 jouets et décide d'en garder 5. Elle offrira
le même nombre de jouets à chacune de ses 3 voisines.

Combien de jouets donnera-t-elle à chacune ? _____ et _____

c) Xavier dresse la table pour 8 personnes. Il place
2 couteaux, 2 fourchettes, 1 cuillère à soupe et
2 petites cuillères par personne.

Combien d'ustensiles doit-il disposer au total ?

_____ et _____

3 Associe les expressions équivalentes.

a) $390 + 210 =$ $999 - 633$

b) $245 - 145 =$ $300 - 110$

c) $94 + 96 =$ $350 - 150$

d) $122 + 122 + 122 =$ $700 - 100$

e) $150 + 25 + 25 =$ $60 + 40$

4 Pour chaque opération donnée, écris une expression équivalente en utilisant l'opération inverse.

Exemples :
- $35 + 45 = 120 - 40$ • $50 \times 4 = 600 \div 3$

a) $1\ 500 - 800 =$ _____   e) $233 + 167 =$ _____

b) $90 + 900 =$ _____   f) $75 + 125 =$ _____

c) $125 \div 5 =$ _____   g) $444 + 656 =$ _____

d) $9 \times 8 =$ _____   h) $126 \div 6 =$ _____

5 Relie chaque opération donnée à l'expression qui lui est équivalente.

a) $75 \div 3 =$ $3 \times 4 \times 12$

b) $78 + 36 + 29 =$ $345 + 400$

c) $50 \times 8 =$ $29 + 78 + 36$

d) $12 \times 3 \times 4 =$ 200×2

e) $895 - 150 =$ 1×48

f) $250 + 250 =$ 5×5

g) $8 \times 3 \times 2 =$ 5×100

Nom : _____   Date : _____

Les nombres entiers

Les **nombres entiers** sont les nombres naturels et leurs opposés :

…, –3, –2, –1, 0, 1, 2, 3, …

Les nombres …, –3, –2, –1 sont des nombres **entiers négatifs**.

Les nombres 1, 2, 3, … sont des nombres **entiers positifs**.

0 n'est ni positif ni négatif.

Exemple :
Sur un thermomètre, on peut observer qu'il fait 12 degrés sous 0.

T° = –12 °C

S'il fait –12 °C durant la nuit et qu'il fait 8 °C durant le jour, la variation de la température est de 20 °C.

De –12 °C à 0 °C, il y a 12 °C d'écart. De 0 °C à 8 °C, il y a 8 °C d'écart. Au total, il y a donc 20 °C d'écart.

Je m'exerce

1 Quelle est la variation de la température entre la nuit et le jour ?

a) Nuit : –3 °C
   Jour : 5 °C

b) Nuit : –2 °C
   Jour : 7 °C

c) Nuit : –5 °C
   Jour : 10 °C

d) Nuit : –1 °C
   Jour : 4 °C

_____   _____   _____   _____

2 Complète la droite numérique avec des nombres entiers.

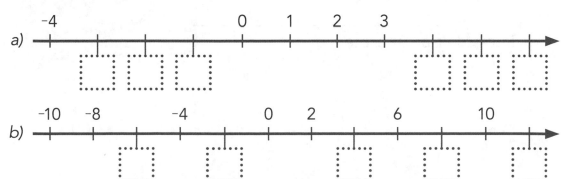

a) –4   0   1   2   3

b) –10   –8   –4   0   2   6   10

J'utilise mes connaissances

1. Samuel a accumulé 45 points en jouant à un jeu de fléchettes. Son ami Mathieu a 8 points de plus que lui. Marion a 3 points de moins que Mathieu.

a) Quel est le score de Mathieu et quel est celui de Marion ?

> **Traces de ma démarche**

b) Quel est le total de points des 3 amis ?

> **Traces de ma démarche**

2. Tante Martha revient de Cuba où il a fait une température de 26 °C pendant deux semaines. En arrivant à l'aéroport de Montréal, elle a dû mettre un manteau, car la température indiquait -13 °C.

Combien de degrés représente cette variation de température ?

> **Traces de ma démarche**

Mesure
MESURES DE LONGUEUR, DE TEMPS, DE CAPACITÉ ET DE MASSE

Les équivalences de mesures de longueur

Pour trouver des équivalences de mesures de longueur, il faut multiplier ou diviser un nombre d'unités par 10, 100 ou 1 000.

Exemples :

12 m = ? cm	4 dm = ? m
12 m = 12 × 1 m	4 dm = 4 × 1 dm
12 m = 12 × 100 cm	4 dm = 4 × $\frac{1}{10}$ m
12 m = 1 200 cm	4 dm = 0,4 m

$\times$ 100

$\times \frac{1}{10}$ ou ÷ 10

En inscrivant le nombre d'unités connues dans un tableau de mesures, on peut trouver rapidement plusieurs équivalences.

	m	dm	cm	mm
1	2			
1	2	0	0	

	m	dm	cm	mm
		4		
	0,	4		

12 m = ? cm

12 m = 1 200 cm

4 dm = ? m

4 dm = 0,4 m

La flèche indique l'unité choisie pour trouver l'équivalence ainsi que la position de la virgule. Pour écrire le nombre d'unités équivalent, il faut parfois compléter en ajoutant un ou des 0 dans les valeurs de position.

Je m'exerce

Stratégie

Reproduis le tableau de mesures ci-dessus pour t'aider à trouver les équivalences.

1 Trouve les équivalences demandées.

a) 125 cm = _____ dm

d) 362 mm = _____ cm

b) 87,6 m = _____ cm

e) 23 dm = _____ m

c) 75 mm = _____ dm

f) 308 dm = _____ cm

2 Effectue les opérations suivantes. Le résultat doit tenir compte de l'unité de mesure indiquée.

a) 3,45 m + 50 cm + 3,8 dm = _____ dm

b) 1 138 mm + 9,2 m + 6,5 dm = _____ cm

J'utilise mes connaissances

1 Rebecca doit mesurer la longueur de différents objets. Le seul instrument dont elle dispose est un bout de règle brisée.

Utilise la portion de ta règle correspondant à celle qui est illustrée pour trouver la longueur, en centimètres, de ton cahier *Planète Maths*.

Explique comment tu as procédé pour effectuer les mesures avec seulement cette portion de la règle.

> **Traces de ma démarche**

2 Maggie, Olivier et Timothée se rendent à la foire. Dans la grande roue, on accepte seulement les personnes qui mesurent plus de 1,45 m. Maggie mesure 1 m et 8 cm, Olivier mesure 1 m et 4 dm, et Timothée mesure 1,6 m.

Peuvent-ils tous aller dans la grande roue ? Explique ta réponse.

> **Traces de ma démarche**

Les mesures de temps

Notre système de **mesure de temps** provient de plusieurs systèmes d'unités de mesure utilisés depuis longtemps. Ce système n'utilise pas la base 10. Dans ce système :

- 1 an = 365 jours* ;
- 1 an = 12 mois ;
- 1 mois = environ 4 semaines ;
- 1 mois = 30 ou 31 jours, sauf le mois de février qui compte 28 jours ;
- 1 semaine = 7 jours ;

- 1 jour = 24 heures ;
- 1 heure = 60 minutes ;
- 1 minute = 60 secondes.
- * Certaines années comptent 366 jours. On ajoute une journée au mois de février qui compte alors 29 jours.

Je m'exerce

1 Parmi les étiquettes, trouve une équivalence à chaque durée.

730 jours	1 800 s	1 h	1 800 min

1 440 min	720 h	600 min	36 mois

a) 30 jours = _____

b) 2 ans = _____

c) 1 jour = _____

d) 30 h = _____

e) 3 600 s = _____

f) 3 ans = _____

2 Complète les égalités.

a) 30 min = _____ h

b) $\frac{1}{2}$ année = _____ mois

c) _____ min = $\frac{1}{4}$ h

d) 12 h = _____ jour

Unité 17 • Mesure

J'utilise mes connaissances

Le samedi, les activités de la ville débutent à 8 h 30. Il y a en tout 5 périodes d'activités.

Entre chaque période, il y a une pause de 15 minutes, excepté entre les périodes 3 et 4 où il y a une pause de 30 minutes pour le dîner.

• La période 1 dure 45 min.

• La période 2 dure 1 h 15 min.

• La période 3 dure 45 min.

Les périodes 4 et 5 sont de même durée. La durée totale de ces 2 périodes est de 4 h 30 min. Élabore l'horaire de cette journée d'activités.

Les mesures de capacité

Dans notre système de mesure, la **capacité** d'un contenant est mesurée en **litres** et en **millilitres**. Voici les symboles utilisés pour ces unités.

1 L = un litre   1 mL = un millilitre   1 L = 1 000 mL

Exemple :   Au marché, le lait se vend dans des contenants de :

500 mL

4 L   2 L   1 L   250 mL

Pour réaliser des recettes, il faut parfois mesurer des liquides en millilitres en utilisant une cuillère à mesurer.

Exemples :   15 mL    5 mL

Les mesures de masse

La **masse** d'un objet est la quantité de matière contenue dans cet objet. La masse dépend du type de matière.

Exemple :   Un sac rempli de plumes est moins lourd qu'un sac rempli de sable.

Sac de plumes   Sac de sable

La masse dépend du volume de l'objet.

Exemple :   Une barre de fer plus grande qu'une autre sera plus lourde.

Un objet qu'on déforme conserve la même masse une fois déformé.

Exemple :

On peut comparer la masse de deux objets en les plaçant dans une balance à plateaux.

Dans notre système de mesure, la masse d'un objet est mesurée en **grammes** ou en **kilogrammes**. Voici les symboles utilisés pour ces unités.

1 kg = un kilogramme   1 g = un gramme

Il faut savoir que 1 kg = 1 000 g.

Le gramme est 1 000 fois plus petit que le kilogramme.

Exemples :   Au marché, le prix de plusieurs aliments est fixé en fonction de la masse.

 5 g   2 kg    500 g

 ## Je m'exerce

1 À la maison, trouve :

- trois contenants de nourriture dont la capacité est indiquée en L ou en mL ;
- trois contenants de nourriture dont la masse du contenu est indiquée en g ou en kg.

Complète le tableau suivant.

Type de contenant	Capacité	Masse
Pot de cornichons	500 mL	

2 Samantha prépare quatre sacs identiques remplis à pleine capacité, mais contenant des produits différents. Elle demande à son frère de les placer en ordre croissant de masse, sans les toucher.

 **A** SEL

 **B** OUATE

 **C** CÉRÉALES

 **D** ROCHES

Dans quel ordre son frère doit-il placer les sacs ?

☐ ☐ ☐ ☐

3 Trouve l'unité de mesure la plus appropriée (L ou mL) pour mesurer la capacité :

a) d'un verre ; _____

c) d'une cuillère de sirop ; _____

b) d'un énorme aquarium ; _____

d) d'un seau d'eau. _____

4 Trouve l'unité de mesure la plus appropriée (g ou kg) pour mesurer la masse :

a) d'un être humain ; _____

c) d'une souris ; _____

b) d'un chien ; _____

d) d'un paquet de gommes. _____

5 Relie la mesure la plus appropriée à chaque article parmi les deux mesures proposées.

a) Tablette de chocolat   100 g
   Paquet de beurre   450 g

e) Verre de jus   6 L
   Seau rempli d'eau   250 mL

b) Enfant de 10 ans   22 kg
   Chien labrador   42 kg

f) Bain rempli d'eau   4 L
   Pot de peinture   150 L

c) Feuille de papier   12 g
   Crayon   5 g

g) Contenant de lait   2 L
   Tasse de café   350 mL

d) Sac de sucre   2 kg
   Sac de sable   25 kg

h) Contenant de crème   50 mL
   Bouteille de parfum   500 mL

L'approximation

L'**approximation** est la valeur rapprochée du résultat d'une opération.

> Exemple : 1 567 + 345 = environ 1 900

Je m'exerce

1 Pour chaque opération, écris une approximation du résultat.

a) 398 + 189 =

d) 879 − 469 =

b) 401 − 302 =

e) 20 942 − 8 025 =

c) 4 995 − 2 004 =

f) 5 900 + 3 809 =

2 Choisis 3 étiquettes qui donnent une somme approximative de 1 000.

245   149   820   575   95   189

☐ + ☐ + ☐ = environ 1 000

3 Complète chaque suite de nombres.

a) 558, 561, 564, _____, _____, 573, _____, _____, _____

b) 367, 372, 377, _____, _____, 392, _____, _____

c) 109, 118, 127, 136, _____, _____, 163, _____, _____

d) 876, 880, 884, _____, 892, _____, 900, _____, _____

Stratégie

Rappelle-toi qu'une suite est un ensemble de nombres, de figures ou d'objets placés dans un certain ordre. Cet ordre dépend de la règle de la suite.

4 Trouve la règle de chaque suite de nombres.

a) 0, 11, 22, 33, 44, 55, 66, 77, 88, 99, 110, 121

b) 567, 572, 570, 575, 573, 578, 576, 581, 579

c) 2 146, 2 143, 2 144, 2 141, 2 142, 2 139, 2 140

d) 701, 693, 685, 677, 669, 661, 653, 645, 637

e) 1 501, 1 503, 1 497, 1 499, 1 493, 1 495, 1 489

5 Dans chaque cas, trouve la règle et complète la suite de nombres.

a) 11, 13, 15, ____, ____, ____, ____, 25, ____, 29   Règle :

b) 12, 14, 17, ____, 22, ____, 27, ____, ____   Règle :

c) 45, 40, 42, ____, ____, 34, ____, 31, ____, ____   Règle :

d) 1, 2, 4, ____, ____, 32, ____, 128, ____   Règle :

e) 5, 11, 13, ____, 21, 27, 29, ____, ____, ____   Règle :

 # J'utilise mes connaissances

Ludovic a fait des erreurs dans son travail. Il devait compléter une suite en utilisant la règle + 8, – 5.

Corrige ses erreurs.

| 367 | 374 | 369 | 377 | 373 | 382 | 375 | 383 | 379 |

La calculatrice

On peut utiliser la **calculatrice** pour effectuer une multiplication ou une division.

Exemple :

Voici les étapes pour trouver le produit de 37 × 28.

❶ On appuie sur le bouton «ON» pour allumer la calculatrice.

❷ On vérifie que le nombre 0 est affiché.

❸ On inscrit le premier terme : 37.

❹ On appuie sur le symbole ×.

❺ On inscrit le second terme : 28.

❻ On appuie sur la touche = pour obtenir le résultat.

❼ On appuie sur la touche «C» ou «CE» pour recommencer.

Pour effectuer une division, on appuie sur le symbole ÷ au lieu du symbole × à l'étape 4.

Je m'exerce

1 À l'aide de la calculatrice, effectue les divisions suivantes.

a) 1 950 ÷ 25 =

b) 2 700 ÷ 50 =

c) 10 452 ÷ 13 =

d) 5 076 ÷ 12 =

e) 5 148 ÷ 9 =

f) 1 944 ÷ 24 =

g) 13 158 ÷ 17 =

h) 396 ÷ 4 =

i) 2 289 ÷ 7 =

j) 1 275 ÷ 15 =

k) 2 500 ÷ 20 =

l) 2 046 ÷ 31 =

2 À l'aide de la calculatrice, effectue les multiplications suivantes.

a) 240 × 55 =

b) 744 × 37 =

c) 485 × 85 =

d) 1 312 × 52 =

e) 2 708 × 13 =

f) 929 × 22 =

g) 3 088 × 11 =

h) 409 × 54 =

i) 381 × 67 =

j) 945 × 15 =

k) 1 003 × 65 =

l) 7 106 × 9 =

m) 667 × 42 =

n) 53 × 806 =

J'utilise mes connaissances

Un paysagiste doit aménager une cour pour une cliente.
Celle-ci lui demande quel sera le montant qu'elle devra débourser.

Voici les informations que le paysagiste lui a données.

- 1 érable à 125 $.
- 3 arbustes à 25 $ chacun.
- 5 boîtes de fleurs annuelles à 30 $ la boîte.
- 10 sacs de terre noire à 3 $ pour 5 sacs.
- Le temps de travail du paysagiste : 100 $.

Écris les opérations que tu dois faire avec ta calculatrice et trouve
le montant que la cliente devra débourser.

Traces de ma démarche

Les facteurs premiers

Les **facteurs** d'un nombre sont les termes qu'on multiplie ensemble pour obtenir ce nombre.

> Exemple : Les nombres 4 et 6 sont des facteurs du nombre 24, car $4 \times 6 = 24$.
>
> On dit qu'un facteur est **premier** si ce facteur est un nombre premier.
>
> ❶ Pour trouver tous les facteurs premiers d'un nombre, il faut commencer par trouver deux facteurs de ce nombre.
>
> ❷ On décompose ensuite chaque facteur tant que les facteurs ne sont pas tous des nombres premiers.
>
> Exemple : 4×6 $= 24$
> $2 \times 2 \times 2 \times 3 = 24$
>
> La décomposition du nombre 24 en facteurs premiers est :
> $2 \times 2 \times 2 \times 3$.

Je m'exerce

1 Décompose chaque nombre en facteurs premiers.

> Exemple : $12 = 2 \times 6$
> $12 = 2 \times 2 \times 3$

a) $18 =$

c) $36 =$

b) $48 =$

d) $40 =$

Nom : _____   Date : _____

2 Complète chaque décomposition de nombre en facteurs premiers.

a)
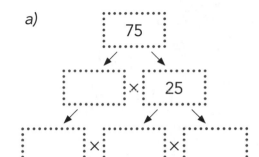

c)
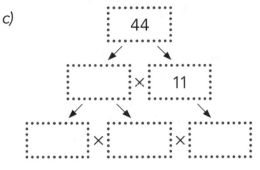

b)
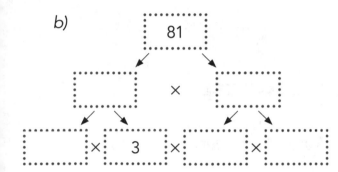

d)
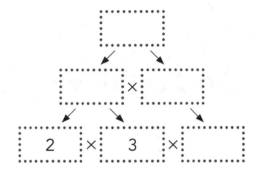

3 Décompose chaque nombre en facteurs premiers. Utilise une représentation en arbre comme dans l'exercice précédent.

a) 72

b) 90

c) 140

4 Trouve le produit de ces facteurs premiers.

a) $2 \times 2 \times 2 \times 7 =$

d) $5 \times 5 \times 5 =$

b) $2 \times 3 \times 3 \times 3 =$

e) $2 \times 2 \times 2 \times 2 \times 3 =$

c) $2 \times 2 \times 5 \times 5 =$

f) $2 \times 2 \times 2 \times 2 \times 2 \times 3 =$

5 Trouve le terme manquant dans chaque équation.

a) $90 \div \boxed{} = 9$

f) $\boxed{} \times 3 = 399$

b) $\boxed{} \times 4 = 100$

g) $\boxed{} \times 3 = 1\ 206$

c) $\boxed{} \times 3 = 150$

h) $564 \div \boxed{} = 188$

d) $\boxed{} \div 4 = 11$

i) $\boxed{} \div 2 = 341$

e) $125 \div \boxed{} = 25$

j) $\boxed{} \times 5 = 220$

 # J'utilise mes connaissances

1 Léa range des blocs de construction dans des sacs. Elle a 328 blocs au total. Elle place le même nombre de blocs dans 8 sacs.

Combien de blocs Léa a-t-elle placés dans chaque sac ?

> **Traces de ma démarche**

2 Virginie fait un devoir de mathématique. Elle révise ses multiplications et ses divisions. Trouve ses deux erreurs de calcul et écris le bon résultat à côté.

$250 \div 5 = 50$

$202 \times 4 = 808$

$39 \times 3 = 107$

$560 \div 7 = 60$

$120 \times 5 = 600$

L'addition et la soustraction de nombres décimaux

Pour additionner ou soustraire des nombres décimaux, il faut tenir compte des valeurs de position.

Il est important de placer les nombres en colonnes et d'aligner les chiffres qui ont la même valeur de position. Il faut aussi aligner les virgules.

Exemples :

Ajouter huit et six dixièmes à sept et vingt-quatre centièmes s'écrit : $7,24 + 8,6 = 15,84$.

$$
\begin{array}{r}
7,24 \\
+\,8,6 \\
\hline
15,84
\end{array}
$$

On peut également écrire ces nombres en centièmes.

$$
\begin{array}{r}
7,24 \\
+\,8,60 \\
\hline
15,84
\end{array}
$$

Additionner sept et cinquante-huit centièmes et six et huit dixièmes s'écrit : $7,58 + 6,8 = 14,38$.

$$
\begin{array}{r}
\overset{1}{7},58 \\
+\,6,8 \\
\hline
14,38
\end{array}
$$

On peut également écrire ces nombres en centièmes.

$$
\begin{array}{r}
\overset{1}{7},58 \\
+\,6,80 \\
\hline
14,38
\end{array}
$$

Retrancher trois et quatre centièmes de six et neuf dixièmes s'écrit : $6,9 - 3,04 = 3,86$.

$$
\begin{array}{r}
6,\overset{8\ 10}{\cancel{9}} \\
-\,3,04 \\
\hline
3,86
\end{array}
$$

On peut également écrire ces nombres en centièmes.

$$
\begin{array}{r}
6,\overset{8}{\cancel{9}}\,{}^{10} \\
-\,3,04 \\
\hline
3,86
\end{array}
$$

Soustraire cinq et neuf centièmes de six et neuf dixièmes s'écrit : $6,9 - 5,09 = 1,81$.

$$
\begin{array}{r}
6,\overset{8\ 10}{\cancel{9}} \\
-\,5,09 \\
\hline
1,81
\end{array}
$$

On peut également écrire ces nombres en centièmes.

$$
\begin{array}{r}
6,\overset{8}{\cancel{9}}\,{}^{10} \\
-\,5,09 \\
\hline
1,81
\end{array}
$$

Je m'exerce

1 Effectue chaque opération. Écris les nombres en colonnes pour effectuer tes calculs.

a) 7,8 + 12,24 =

f) 159,42 – 72, 21 =

b) 15,04 + 7,09 =

g) 223,09 – 24,18 =

c) 124,3 + 29,79 =

h) 154 – 27,75 =

d) 172,28 + 46,29 =

i) 28,5 – 17,28 =

e) 59,98 + 73,02 =

j) 124,72 – 57,72 =

2 Trouve les termes manquants.

a) 9,4   + [_____] = 13,24

b) 17,28   + [_____] = 29,68

c) 124,53 + [_____] = 154,7

d) 269,1   + [_____] = 300

e) 199,89 + [_____] = 298,89

f) 24,49 − [_____] = 13,25

g) 26,5   − [_____] = 19,02

h) 124,6 − [_____] = 110,57

i) 312,09 − [_____] = 70,59

j) 57,57 − [_____] = 24

3 Complète chaque suite de nombres.

a) | 24 | 36,5 | 49 | [____] |

b) | 17 | 25,2 | 33,4 | [____] |

c) | 13 | 14,4 | 15,8 | [____] |

d) | 14,5 | 16 | 17,5 | [____] |

e) | 11,2 | 11,8 | 12,4 | [____] |

4 Situe chaque nombre sur la droite numérique.

a) | 0,4 | 1,2 | 1,5 | 1,8 | 0,7 | 0,1 |

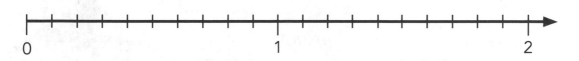

b) | 1,5 | 2,25 | 3,5 | 4,25 | 5,5 | 2,75 | 0,5 |

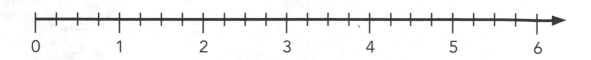

5 Place les nombres décimaux en ordre croissant.

a) | 5,2 | 4,95 | 4,8 | 4,07 | 5,82 | 6 | 6,04 | 22 | 2,34 |

___ ___ ___ ___ ___ ___ ___ ___ ___

b) | 10,3 | 15,7 | 9,65 | 17,2 | 13 | 19,56 | 26,8 | 3,1 | 15 |

___ ___ ___ ___ ___ ___ ___ ___ ___

6 Décompose les nombres décimaux pour effectuer le calcul rapidement.

a) 2,24 + 3,5 + 2,5 = ?

2,24 + 3 + 2 + 0,5 + 0,5 = ?

2,24 +   5   +   1   = _____

c) 15,42 + 2,27 + 4,73 = ?

b) 5,3 + 6, 7 = ?

5 + 6 + 0,3 + 0,7 = ?

_____ + _____ = _____

d) 0,59 + 2,41 + 3,24 + 1,56 = ?

7 Arrondis chaque nombre décimal à l'unité près.

a) 7,34 [   ]   g) 5,45 [   ]

b) 18,72 [   ]   h) 72,6 [   ]

c) 9,6 [   ]   i) 36,4 [   ]

d) 24,09 [   ]   j) 17,9 [   ]

e) 13,51 [   ]   k) 12,88 [   ]

f) 67,33 [   ]   l) 39,3 [   ]

8 Complète le tableau en écrivant :

- chaque nombre décimal sous forme de fraction ;
- chaque fraction sous forme de nombre décimal.

Nombre décimal	0,5		0,3		0,25		0,2	0,65		
Fraction		$\dfrac{1}{10}$		$\dfrac{95}{100}$		$\dfrac{7}{100}$				$\dfrac{4}{10}$	$\dfrac{3}{4}$

9 Place en ordre décroissant les nombres décimaux de l'exercice précédent.

☐ ☐ ☐ ☐ ☐

☐ ☐ ☐ ☐ ☐

J'utilise mes connaissances

1 Des élèves construisent une palissade en blocs de glace.
Pour le 1er étage, ils utilisent 12 blocs de glace. Pour le 2e étage,
ils utilisent 10,5 blocs. Le 3e étage est constitué de 9 blocs.
Si les élèves font 2 étages de plus en suivant la même règle, combien
de blocs auront-ils utilisés au total ?

Traces de ma démarche

2 Des élèves représentent tous les concepts mathématiques qu'ils connaissent sur des feuilles pour décorer leur classe. Ces feuilles formeront 3 bandes. Ils ont besoin de 3,25 feuilles pour la 1re bande, de 6,5 feuilles pour la 2e bande et de 18,2 feuilles pour la 3e bande. Combien de feuilles devront-ils utiliser s'ils ne veulent pas gaspiller de papier ?

Traces de ma démarche

3 Jordan désire s'acheter un équipement de hockey. Il dispose d'un maximum de 500 $. Il doit acheter un article de chaque catégorie.

Que peut-il acheter parmi les articles suivants ?

- Protège-tibias à 49,95 $
- Gants à 74,95 $
- Casque à 82,49 $

- Hockey à 39,95 $, 58,90 $, 88,95 $ ou 115 $
- Patins à 175,50 $, 200,00 $ ou 224,95 $

Traces de ma démarche

Nom : ______________________ Date : ____________

4 Le quadrillé ci-dessous représente une unité.

a) Quel nombre décimal peux-tu associer à chaque partie de la maison ?

Le toit : __________

Le mur vert de la maison : ______

La porte : ________

La fenêtre : ______

b) Quel espace reste-t-il à l'extérieur de la maison ? ______

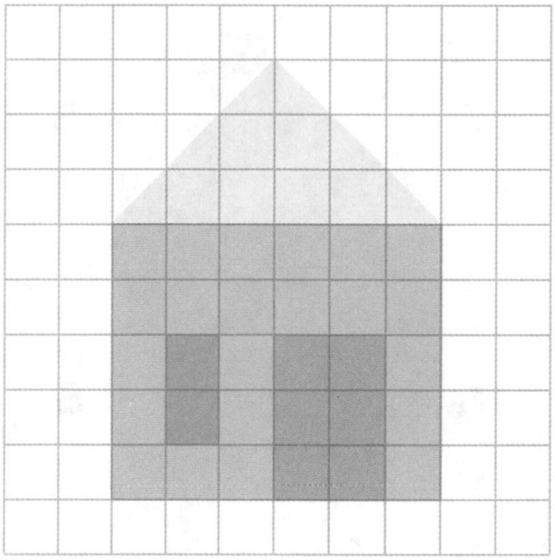

5 Lydia doit acheter de nouveaux vêtements pour assister au mariage de sa tante. Voici le coût de chaque article.

- Robe à 49,95 $
- Bas à 6,99 $
- Souliers à 29,49 $
- Barrette à 3,98 $

Lydia ne veut pas dépenser plus de 100 $. Elle aimerait aussi aller se faire coiffer. Cela coûte 12 $. Reste-t-il suffisamment d'argent à Lydia ou devra-t-elle se coiffer elle-même ? Explique ta réponse.

Traces de ma démarche

6 La bande ci-dessous représente une unité.

a) Quelle portion de l'unité est occupée par chacune des parties dessinées ? Donne ta réponse en nombre décimal.

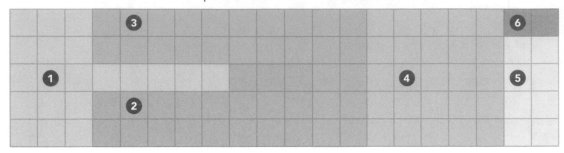

1 _____   **4** _____

2 _____   **5** _____

3 _____   **6** _____

b) Que vaut la moitié de la partie portant le numéro 5 ?

_____

7 Deux bandes comme celle de l'exercice précédent sont mises bout à bout. Les deux bandes représentent deux unités au total.

a) Trouve la valeur totale des deux parties portant le numéro 1. _____

b) Trouve la valeur totale des deux parties portant le numéro 2. _____

c) Trouve la valeur totale des parties portant les numéros 4, 5 et 6.

Traces de ma démarche

La distinction entre le diagramme à bandes et le diagramme à ligne brisée

Le **diagramme à bandes** permet d'illustrer des données verticalement ou horizontalement à l'aide de bandes. Chaque bande représente une donnée qui est très souvent associée à un mot.

Le **diagramme à ligne brisée** permet d'illustrer des données qui varient. Très souvent cette variation se fait au fil du temps. Au lieu d'avoir des bandes, c'est une ligne brisée qui est tracée.

Dans les deux cas, il faut respecter certaines consignes.

• On centre le titre au-dessus du diagramme.

• On identifie chacun des axes : l'axe horizontal et l'axe vertical.

• On gradue ces axes en conservant le même espace entre chacune des graduations.

• Dans certains cas où les nombres sont plus grands et qu'il y a une portion du diagramme qui n'est pas nécessaire, on peut couper les axes.

La différence entre ces deux diagrammes, c'est le type de données qui sont utilisées et la représentation qu'on en fait.

Exemples :

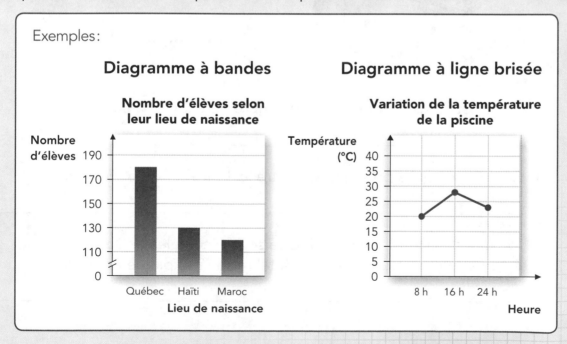

Diagramme à bandes

Nombre d'élèves selon leur lieu de naissance

Diagramme à ligne brisée

Variation de la température de la piscine

Je m'exerce

1 Complète le diagramme à ligne brisée en te servant des données du tableau.

Épaisseur de la couche de neige d'une montagne de ski

Date	Neige (cm)
15 décembre	94
15 janvier	138
15 février	165
15 mars	141

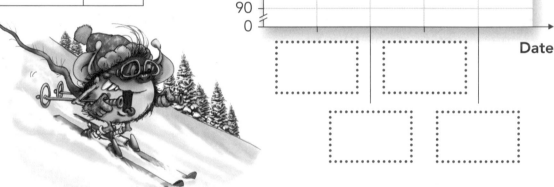

a) Que s'est-il passé entre le 15 décembre et le 15 janvier ?

_____

b) Explique ce qui a pu se passer entre le 15 février et le 15 mars.

_____

c) Ton ami dit que 71 cm de neige se sont accumulés entre le 15 décembre et le 15 février. A-t-il raison ? Explique pourquoi.

_____

_____

_____

2 Représente les données du diagramme suivant à l'aide d'un tableau.

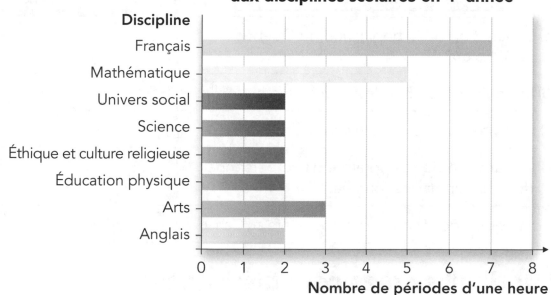

**Nombre de périodes consacrées
aux disciplines scolaires en 4ᵉ année**

a) Quelles sont les disciplines qui totalisent 10 heures de cours ?
Écris deux possibilités.

_____

_____

b) Deux disciplines occupent presque la moitié de la semaine de classe.
Nomme-les.

_____

3 Dans le tableau, indique quel type de diagramme représente le mieux chaque situation.

	Diagramme à bandes	Diagramme à ligne brisée
a) La variation de la population du Québec de 1990 à 2010.		
b) La couleur préférée des élèves de maternelle.		
c) L'activité favorite des élèves du 2ᵉ cycle.		
d) La variation de température d'une personne malade durant une journée.		
e) La marque de véhicule la plus populaire au Canada.		

 # J'utilise mes connaissances

1 Des joueurs de soccer jonglent avec un ballon en n'utilisant que leurs cuisses. Le tableau suivant présente la durée de l'exercice pour chaque joueur.

Jonglage avec les cuisses

Durée (s)	5	10	15	20	25	30	35	40	45	50	55	60
Nombre de joueurs	20	20	15	10	8	8	6	4	2	2	1	0

Représente cette situation à l'aide d'un diagramme.

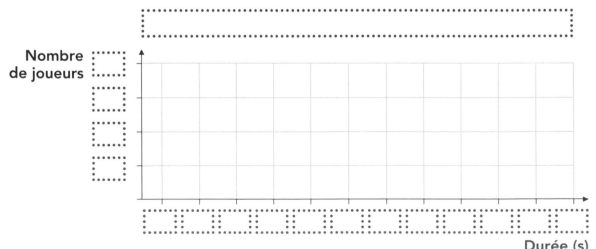

Nombre de joueurs

Durée (s)

2 Utilise les données du tableau et du diagramme ci-dessous
pour répondre aux questions.

**Croissance de la
population d'une ville**

Année	Nombre d'habitants
1991	35 500
1996	38 900
2001	43 600
2006	46 000
2011	—

**Croissance de la population
d'une ville**

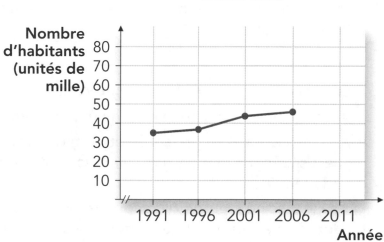

a) Quelle a été la croissance de la population entre :
   - 1991 et 1996 ? Une augmentation de _____
   - 1996 et 2001 ? Une augmentation de _____
   - 2001 et 2006 ? Une augmentation de _____

b) Que pourrait-il se produire entre 2006 et 2011 ?
   Pourquoi ?

   _____

   _____

   _____

   _____

   _____

   _____

   _____

   _____

La chasse aux trésors

Tes parents organisent une grande fête familiale dans deux semaines. Pour cette occasion, ils t'ont demandé de les aider à organiser une chasse aux trésors pour tes cousins et cousines qui viendront vous visiter. Tu devras tracer le plan du terrain et y indiquer l'emplacement des différents trésors.

Consignes pour tracer le plan du terrain

- Le terrain mesure 36 m de largeur par 44 m de profondeur.

- La maison a 12 m de façade et 11 m de profondeur. Elle est située à 6 m de la rue. La maison est centrée dans la largeur du terrain.

- Une piscine creusée rectangulaire occupe un espace de 7 m par 5 m à l'arrière de la maison. Il y a 14 m entre la maison et la piscine. Elle est située à une distance de 10 m de la bordure gauche du terrain lorsqu'on est placé sur la rue, face au terrain.

- Tout le tour de la piscine, il y a un espace de circulation de 2 m de large en dalles.

- Il y a un gros pin à droite de la piscine. Il occupe un espace carré de 2 m de côté. Il est situé à 10 m de la bordure droite du terrain.

- Une remise de 4 m par 3 m est placée à l'arrière du terrain, sur la droite. Elle est à une distance de 1 m de la bordure arrière et de la bordure droite du terrain.

- Sur le terrain, il y a une terrasse rectangulaire dont l'aire est de 36 carrés-unités. La terrasse est utilisée pour une table et 4 chaises.

Consignes pour indiquer les différents emplacements des trésors sur le plan

- Indique sur le plan l'emplacement de chacun des trésors fournis dans la liste ci-contre en utilisant les couples de nombres qui sont indiqués.

- Trouve une cachette pour les deux derniers trésors de la liste. Indique l'emplacement de ces deux trésors sur le plan à l'aide de couples de nombres.

Trésors	Couples de nombres
Ballons	(17, 9)
Boîte d'aquarelle	(25, 37)
Jeu de société	(32, 29)
Bande dessinée	(27, 3)
Friandises	(4, 41)
Pignata	À déterminer
Coffre aux trésors	À déterminer

Ta tâche

- À partir des consignes, trace le plan du terrain sur la feuille quadrillée que ton enseignante ou ton enseignant te remettra.

- À partir de la liste des trésors et de leurs couples de nombres, indique l'emplacement de chaque trésor sur le plan que tu auras dessiné.

- Trouve une cachette pour les deux derniers trésors. Indique l'emplacement de ces deux trésors sur le plan à l'aide de couples de nombres.

Unité **21**

Je m'exerce

1 Indique le nombre qui correspond à la décomposition.

a) $7\,000 + 500 + 70 + 2 =$ _____

b) $4\,000 + 700 + 36 =$ _____

c) $200 \times 5 + 80 + 6 =$ _____

d) $800 \times 2 + 54 =$ _____

e) $500 \times 10 + 45 =$ _____

f) $300 \times 8 + 9 =$ _____

g) $6\,200 + 700 + 8 =$ _____

h) $5\,500 + 50 + 5 =$ _____

2 Décompose chaque nombre en effectuant une addition de deux termes.

a) $85 =$ _____

b) $4\,060 =$ _____

c) $655 =$ _____

d) $8\,500 =$ _____

e) $508 =$ _____

f) $2\,840 =$ _____

3 Décompose chaque nombre en utilisant au moins une multiplication au début.

a) $6\,350 =$ _____

b) $12\,400 =$ _____

c) $990 =$ _____

d) $28\,050 =$ _____

e) $599 =$ _____

f) $4\,075 =$ _____

4 Parmi les propriétés suivantes, indique celle qui correspond à chaque série de nombres.

| pairs | impairs | composés | premiers | carrés |

a) 22, 24, 26, 28, 30   Nombres _____

b) 27, 29, 31, 33, 35, 37   Nombres _____

c) 1, 4, 9, 16, 25, 36, 49   Nombres _____

d) 30, 28, 27, 26, 25, 24, 22, 21   Nombres _____

c) 2, 5, 7, 11, 13, 17, 19, 23   Nombres _____

5 Écris toutes les propriétés de chaque nombre.

a) 25 _____

b) 45 _____

c) 17 _____

d) 100 _____

e) 36 _____

6 Utilise les chiffres de ces étiquettes pour répondre à chaque énoncé.

| 5 | 2 | 0 | 8 | 1 | 3 |

a) Je suis un nombre premier à 3 chiffres
ayant 5 centaines.

b) Je suis un nombre carré à 2 chiffres.

c) Nous sommes 2 nombres à 3 chiffres,
impairs et composés, inférieurs à 200.

d) Nous sommes 2 nombres pairs à
3 chiffres, supérieurs à 800.

e) Nous sommes 2 nombres impairs
et premiers situés entre 100 et 150.

7 En utilisant tous les chiffres suivants :

| 5 | 2 | 7 |

a) écris le plus petit nombre composé
à 3 chiffres ;

b) écris le plus grand nombre premier
à 3 chiffres.

8 Il existe différents ponts à travers le monde. Observe ceux-ci et réponds aux questions de la page suivante.

A Pont Vasco da Gama au Portugal, 17 185 m de long

B Bang Na Expressway en Thaïlande, 54 000 m de long

C Lake Pontchartrain Causeway aux États-Unis, 38 422 m de long

D Pont de la Confédération au Canada, 12 900 m de long

E Pont Champlain au Canada, 7 414 m de long

F Pont de la baie de Hanghzou en Chine, 36 000 m de long

a) Place en ordre décroissant
les nombres qui représentent
la longueur de ces ponts. Utilise
la lettre correspondant au pont.

Pont	Longueur (m)
_____	_____
_____	_____
_____	_____
_____	_____
_____	_____
_____	_____

Stratégie

Souviens-toi que l'approximation
est la valeur rapprochée du
résultat d'une opération.

b) Quel pont est environ 3 fois plus long que le pont Vasco Da Gama ?

_____

c) Quel pont se place, d'après sa longueur, entre le pont Champlain
et le pont Vasco Da Gama ?

_____

d) Quels sont les 2 ponts qui ont environ 2 000 mètres de différence
entre eux ?

_____

e) Quel pont est environ 3 fois plus court
que le Lake Pontchartrain Causeway ? _____

f) Donne la différence approximative de la longueur entre :

1) le Bang Na Expressway (B)

et le pont Champlain (E) ; _____

2) les deux ponts situés au Canada (D et E) ;

_____

3) le Bang Na Expressway (B) et le
Lake Pontchartrain Causeway (C).

_____

9 Arrondis chaque nombre à la dizaine près.

a) 4 489 _____

b) 8 033 _____

c) 3 655 _____

d) 1 769 _____

e) 3 322 _____

f) 39 _____

10 Arrondis chaque nombre à l'unité de mille près.

a) 14 890 _____

b) 5 471 _____

c) 8 099 _____

d) 15 887 _____

e) 34 082 _____

f) 499 _____

11 Arrondis chaque nombre à la centaine près.

a) 8 568 _____

b) 7 855 _____

c) 4 573 _____

d) 9 449 _____

e) 14 968 _____

f) 54 088 _____

12 Arrondis chaque nombre à l'unité de mille près.

a) 6 654 _____

b) 12 413 _____

c) 27 459 _____

d) 397 _____

e) 75 502 _____

f) 42 976 _____

13 Arrondis, à l'unité de mille près, la longueur des ponts de la page 124.

a) 17 185 _____

b) 54 000 _____

c) 7 414 _____

d) 38 422 _____

e) 12 900 _____

f) 36 000 _____

J'utilise mes connaissances

1 Écris la propriété des nombres dans les étiquettes.

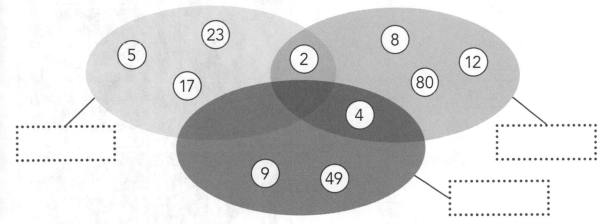

2 Mélanie verrouille son journal personnel et l'ouvre en utilisant un code qu'elle s'est donné. Il s'agit d'un nombre impair formé de 3 chiffres consécutifs dont la somme est 6. Quel est son code ?

_____

3 Un traiteur veut disposer les tables pour un banquet. Chaque table peut accueillir 10 personnes. Les tables seront placées en rangées et en lignes. Les rangées et les lignes doivent contenir le même nombre de tables.

Le traiteur attend 160 invités. Aide le traiteur à placer les tables. Fais le plan de la salle.

> **Traces de ma démarche**

Je m'exerce

1. Observe l'étagère ci-contre et réponds aux questions.

a) Quelle fraction de l'étagère contient le téléviseur ?

_____

b) Quelle fraction de l'étagère contient les livres ?

_____

c) Quelle fraction de l'étagère contient le globe-terrestre ?

_____

d) Quelle fraction de l'étagère contient les figurines et les jeux

de société ? _____

e) Quelle fraction de l'étagère contient les vases ? _____

f) Lorsqu'on les regroupe, quels objets occupent la moitié de l'étagère ?

_____

_____

g) Lorsqu'on les regroupe, quels objets occupent le $\frac{1}{5}$ de l'étagère ?

_____

_____

h) Lorsqu'on les regroupe, quels objets occupent les $\frac{3}{5}$ de l'étagère ?

_____

_____

2 Écris chaque fraction en utilisant des chiffres.

a) Deux tiers _____   *g)* Onze quinzièmes _____

b) Trois huitièmes _____   *h)* Deux demis _____

c) Un quart _____   *i)* Quatre dixièmes _____

d) Cinq neuvièmes _____   *j)* Sept tiers _____

e) Six douzièmes _____   *k)* Dix-neuf sixièmes _____

f) Deux septièmes _____   *l)* Quatorze centièmes _____

3 Place chaque fraction sur la droite numérique.

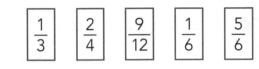

$\dfrac{1}{2}$

0   1

4 Dans une meute de 27 chiens, $\dfrac{1}{3}$ des chiens sont des femelles adultes et $\dfrac{2}{9}$ sont des chiots. Les autres chiens sont des mâles adultes.

- Entoure le bon nombre de femelles adultes.
- Fais un X sur le bon nombre de chiots.
- Encadre le bon nombre de mâles adultes.
- Indique le nombre de chiens pour chacun des groupes.

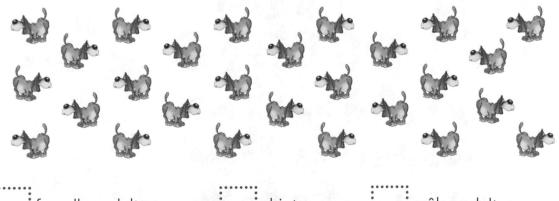

☐ femelles adultes   ☐ chiots   ☐ mâles adultes

5 Complète les fractions pour obtenir un entier.

a) Si $\dfrac{2}{9}$ = ,

alors la collection =

b) Si $\dfrac{1}{5}$ = , alors l'entier =

c) Si $\dfrac{1}{3}$ = ◯, alors la collection =

6 Entoure le tiers de chaque collection.

Écris ensuite une fraction équivalente à $\dfrac{1}{3}$.

a)  $\dfrac{1}{3} = \boxed{}$

b)  $\dfrac{1}{3} = \boxed{}$

c)  $\dfrac{1}{3} = \boxed{}$

d)  $\dfrac{1}{3} = \boxed{}$

e) 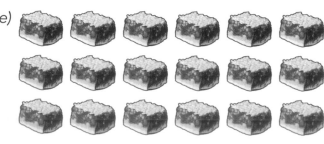 $\dfrac{1}{3} = \boxed{}$

Nom : _____   Date : _____

J'utilise mes connaissances

1 Il y a 48 élèves dans un cours de danse.

a) Parmi ces 48 élèves, 12 élèves sont des débutants.
   Écris 2 fractions équivalentes qui représentent cette situation.

_____

b) Parmi ces 48 élèves, il y a 32 filles.
   Quelle fraction représente
   les garçons ?

> **Traces de ma démarche**

2 Megan possède une collection
de 54 coquillages. Elle en donne 9
à son ami William. Megan dit qu'il

lui reste les $\frac{5}{6}$ de sa collection.

A-t-elle raison ?

> **Traces de ma démarche**

3 Dans un travail scolaire, Mathieu a obtenu 18 points sur 20.
Il annonce fièrement à ses parents qu'il a obtenu 95 sur 100.
A-t-il raison ? Justifie ta réponse à l'aide d'une fraction.

> **Traces de ma démarche**

Je m'exerce

1 À partir des caractéristiques fournies, trace les figures planes fermées sur le plan cartésien ci-dessous.

Ⓐ Polygone non convexe
Plus de 4 côtés
Sommets connus: (2, 12) et (2, 16)
1 angle aigu au sommet (2, 16)

Ⓒ Trapèze
Aucun angle droit
Sommet connu : (9, 3)

Ⓑ Rectangle
Sommets connus :
(12, 11) et (17, 14)
Aire : 15 carrés-unités

Ⓓ Quadrilatère
Sommets connus : (0, 0), (5, 3)
Côtés opposés parallèles

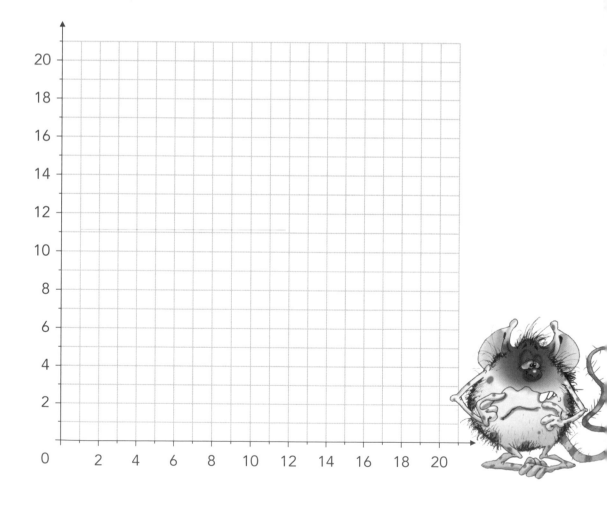

2 Vrai ou faux ?

		Vrai	Faux
a)	Le carré a 4 angles droits.		
b)	Le losange peut avoir 2 angles aigus.		
c)	Le rectangle peut avoir 2 angles obtus.		
d)	Le parallélogramme peut avoir des angles aigus et obtus.		
e)	Le trapèze peut avoir un angle droit.		

3 Voici un schéma qui indique que la famille des parallélogrammes fait partie de la famille des quadrilatères.

Quadrilatères

Parallélogrammes

Classe les figures ci-dessous au bon endroit dans le schéma.
Inscris la lettre de chaque figure à l'endroit approprié.

   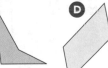

4 Sur la figure suivante, identifie :

a) tous les angles plus petits que l'angle A ;

_____

b) tous les angles plus grands que l'angle C ;

_____

c) tous les angles de même grandeur que l'angle F.

_____

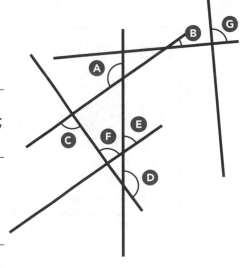

5 Les développements ci-dessous sont incomplets. Il manque une ou plusieurs figures pour obtenir le développement du solide indiqué.

Pour chaque solide :

- choisis la ou les figures manquantes parmi celles de l'encadré du bas de la page ;
- inscris la lettre correspondant à la figure dans le tableau qui lui est associé ;
- indique également dans le tableau le nombre de figures nécessaires pour compléter le développement.

Stratégie

Pour t'aider, tu peux reproduire les figures de l'encadré sur les développements incomplets.

a) **Pyramide à base triangulaire**

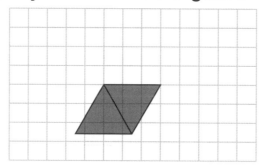

Figure plane	Nombre

b) **Prisme à base triangulaire**

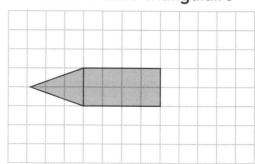

Figure plane	Nombre

Figures planes

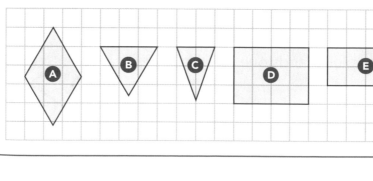

Reproduction interdite © Chenelière Éducation inc.

J'utilise mes connaissances

1 Trouve 3 ou 4 caractéristiques qui permettent de tracer chaque figure.

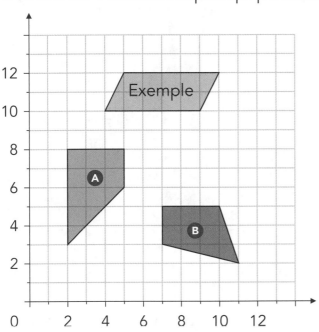

Exemple :
- Quadrilatère convexe
- 2 angles aigus
- Côtés opposés parallèles
- Sommets connus :
  (4, 10) et (10, 12)

Stratégie

L'aire et le périmètre sont aussi des caractéristiques d'une figure.

Figure **A**

_____

_____

_____

_____

Figure **B**

_____

_____

_____

_____

2 Trace les figures demandées.

a) Un quadrilatère avec des côtés opposés parallèles et de même longueur. Le périmètre est de 18 cm.

c) Un trapèze sans angle droit dont le périmètre est entre 12 et 13 cm.

b) Un parallélogramme avec des angles droits dont l'aire est de 14 carrés-unités.

carré-unité

d) Un losange avec 4 axes de réflexion dont l'aire est de 16 carrés-unités.

3 Trace les figures demandées.

a) Un parallélogramme qui a 2 axes de réflexion. L'aire est de 32 triangles-unités.

c) Un parallélogramme dont l'aire est de 24 triangles-unités

△ triangle-unité

b) Un trapèze symétrique dont le périmètre est de 18 cm.

d) Un trapèze avec 2 angles droits dont un côté mesure 6 cm de longueur. Le périmètre est d'environ 18 cm.

Je m'exerce

1 Observe ces deux roulettes.
Complète les phrases suivantes.

a) Il est _____ probable d'obtenir le vert que le brun
sur la 1re roulette.

b) Il est _____ probable d'obtenir le 1 que le vert.

c) Il est _____ probable d'obtenir le 4 que le bleu.

d) Il est _____ d'obtenir un nombre pair sur la 2e roulette.

e) Il est _____ d'obtenir une couleur sur la 1re roulette.

f) Il est _____ d'obtenir un nombre sur la 1re roulette.

2 Dans le tableau, indique
tous les résultats que tu peux
obtenir en lançant cette pièce
de monnaie et ce dé.

	Côté pile	
1	(Côté pile, 1)	_____
	_____	_____
	_____	_____
4	(Côté pile, 4)	_____
	_____	_____
	_____	_____

3 Sur un plateau, il y a trois fruits : une pomme, une orange et une pêche. Comme collation, tu peux manger un fruit avec un morceau de fromage, un verre de lait ou une galette.

a) Représente à l'aide d'un diagramme en arbre toutes les possibilités de collations qui s'offrent à toi.

Fruit	2e aliment	Possibilité

b) Combien y a-t-il de possibilités de collations ? _____

c) Y a-t-il plus de possibilités que ton fruit soit accompagné d'un verre de lait ou d'une galette ?

_____

_____

d) Vrai ou faux ?

1) Selon le diagramme en arbre, avoir du fromage comme collation représente 3 possibilités sur 9. _____

2) Selon le diagramme en arbre, avoir une pomme comme collation représente 4 possibilités sur 9.

_____

4 Place au bon endroit, sur la ligne des probabilités, la lettre
associée à chacun des événements ci-dessous.

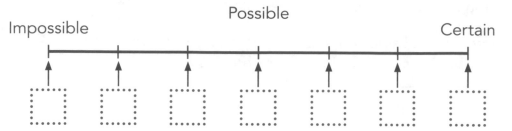

Possible

Impossible   Certain

a) Tirer une bille bleue du bocal (**B**).

b) Tirer une bille verte du bocal (**V**).

c) Tirer une bille jaune du bocal (**J**).

d) Tirer une bille rouge du bocal (**R**).

e) Tirer une bille du bocal (**T**).

f) Tirer une bille jaune ou une bille bleue (**JB**).

g) Tirer une bille jaune ou une bille verte (**JV**).

J'utilise mes connaissances

1 Tu as lancé une pièce de monnaie 9 fois. Chaque fois, tu as obtenu
le côté pile. Si tu lances la pièce encore une fois, que se passera-t-il ?

_____

2 Voici ce que Sophie a obtenu en faisant tourner une roulette.
Bleu, Jaune, **Bleu**, Jaune, **Bleu**, **Bleu**, **Bleu**, **Bleu**, Jaune, **Bleu**, **Bleu**, **Bleu**.
Lou dit que la roulette a sûrement une plus grande portion de bleu
que de jaune. Peux-tu expliquer pourquoi elle pense ainsi ?

_____

_____

_____

Je m'exerce

1   a) Trace la figure plane qui correspond aux caractéristiques suivantes.

- Plus de 4 côtés
- Non convexe
- Au moins 4 angles droits
- Périmètre entre 25 et 30 cm

b) Quel est le périmètre de la figure que tu as tracée? _____

2   Trace la figure plane qui correspond aux caractéristiques suivantes.

- Quadrilatère convexe
- Aucun axe de réflexion
- 2 angles aigus
- Aire de 36 triangles-unités
- Un des côtés mesure le double d'un autre côté.

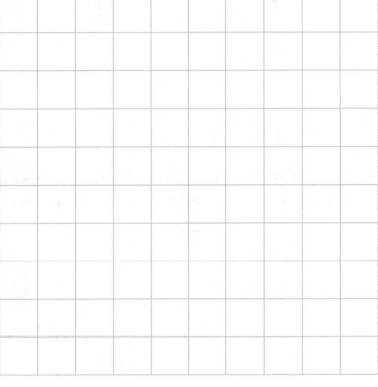

triangle-unité

3 Trouve le volume de chaque prisme en cubes-unités.

 cube-unité

a)

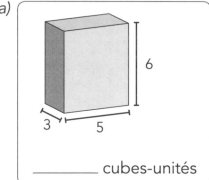

_____ cubes-unités

b)

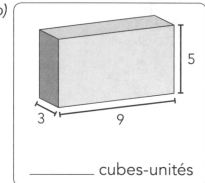

_____ cubes-unités

4 Trouve le volume de chaque prisme en cubes-unités. Les nombres indiquent le nombre de cubes en longueur, en largeur et en hauteur.

a)

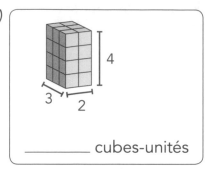

_____ cubes-unités

b)

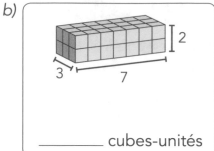

_____ cubes-unités

5 Associe chaque contenant à la mesure de capacité la plus appropriée.

┌┄┄┄┄┄┄┄┐ ┌┄┄┄┄┄┄┄┄┐ ┌┄┄┄┄┄┄┄┐ ┌┄┄┄┄┄┄┄┐
┊ 4 L   ┊ ┊ 250 mL ┊ ┊ 1 L   ┊ ┊ 5 mL ┊
└┄┄┄┄┄┄┄┘ └┄┄┄┄┄┄┄┄┘ └┄┄┄┄┄┄┄┘ └┄┄┄┄┄┄┄┘

6 Dans chaque cas, associe l'article à la mesure appropriée.

a) Sac de spaghetti   2 kg
    Sac de farine   500 g

b) Valise pleine de vêtements   25 kg
    Valise pleine de livres   85 kg

c) Pomme   150 g
    Clémentine   40 g

d) Tube de dentifrice   20 g
    Brosse à dents   130 g

7 Inscris le symbole < ou > entre les deux mesures.

a) 1,4 m $\bigcirc$ 130 cm   *c)* 75 dm $\bigcirc$ 756 mm

b) 425 mm $\bigcirc$ 43 cm   *d)* 6 m $\bigcirc$ 600 dm

8 Associe chaque situation à la durée la plus appropriée.

a) Mesurer la quantité de neige
    tombée durant l'hiver.   5 min

b) Regarder un film au cinéma.   20 s

c) Faire ton lit.   2 h

d) Faire toutes tes études
    primaires.   4 mois

e) Être à l'école le lundi.   45 min

f) Faire l'épicerie.   7 h

g) Faire une course à pied
    sur 100 m.   6 ans

J'utilise mes connaissances

1 Cédric doit ranger des petites boîtes identiques dans une plus grande boîte. Les dimensions des boîtes en cubes-unités sont indiquées dans le tableau.

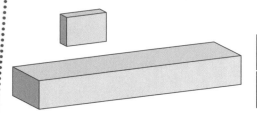

	Longueur	Largeur	Hauteur
Petite boîte	6	2	4
Grande boîte	30	8	4

Cédric croit que 20 petites boîtes rempliront complètement le volume de la grande boîte.

A-t-il raison ? Explique ta réponse en calculant le volume des boîtes.

Traces de ma démarche

2 Alice a mesuré le temps qu'elle prenait pour faire certaines activités quotidiennes. Calcule la durée de chaque activité durant une année complète. Utilise l'unité de mesure de temps la plus appropriée. Au besoin, arrondis les nombres à l'unité près.

Stratégie
Pour t'aider, utilise ta calculatrice.

Activité	Durée par jour	Total pour une année
Se brosser les dents	6 min	_____
Dormir	8 h	_____
Manger	1 h 45 min	_____

Traces de ma démarche

3 Karine souhaite réaménager sa chambre.

- Le quadrillé de 13 cm par 9 cm représente les dimensions de la chambre.
- Les meubles et le tapis sont de forme rectangulaire.
- Le tapis sera placé au centre de la chambre.
- L'aire occupée par chaque objet est indiquée ci-dessous.

Lit : 28 carrés-unités	**C**offre à jouets : 4 carrés-unités
Bureau : 10 carrés-unités	**F**auteuil : 1 carré-unité
Tapis : 9 carrés-unités	

Fais un plan pour la chambre de Karine et dessine tous les objets.
Inscris sur chaque objet la lettre correspondante.

☐ carré-unité

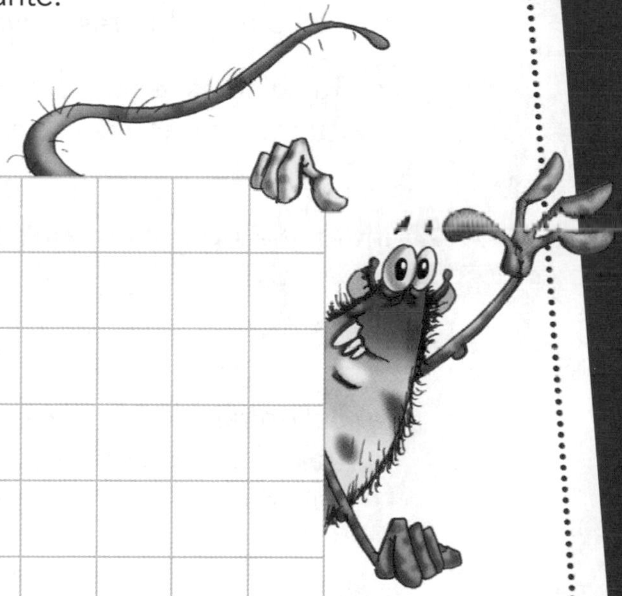

Unité **26**

Je m'exerce

1 Indique l'opération qu'il faut effectuer pour chaque situation.

Addition	Soustraction	Multiplication	Division

a) Tu dois trouver l'aire d'une surface en carrés-unités. _____

b) Tu cherches l'âge de ton grand-père en
   comparant son année de naissance à l'année en cours. _____

c) Tu distribues des cartes en parts
   égales entre tes partenaires de jeu et toi. _____

d) Tu calcules le nombre de jours
   d'école qu'il te reste avant les vacances. _____

e) Tu calcules le nombre de centimètres
   que tu as gagnés en taille depuis septembre. _____

2 Indique 2 opérations qu'il faut effectuer pour chaque situation.

Addition	Soustraction	Multiplication	Division

a) Julien fait de la course à pied 2 fois par semaine. Le premier
   trajet fait 4 km et le second trajet fait 5 km. Combien de kilomètres
   Julien court-il en un mois ?

   _____

b) Maude réorganise sa collection de coquillages. Elle en possède
   42 et les classe également dans 6 boîtes décoratives. Elle donne
   une de ses boîtes à Mélissa. Combien de coquillages lui reste-t-il ?

   _____

c) Laurence anime un jeu de bingo pour une classe de 20 élèves.
   Elle distribue 15 jetons par élève. Il lui en reste 39. Combien
   de jetons avait-elle au début ?

   _____

3 Associe les expressions équivalentes.

a) 90 ÷ 2 =   5 × 8

b) 9 + 18 + 27 =   8 × 12

c) 120 ÷ 2 =   137 + 263

d) 12 × 2 × 2 × 2 =   6 × 9

e) 895 − 495 =   2 × 30

f) 450 + 350 =   9 × 5

g) 120 ÷ 3 =   50 − 8

h) 7 × 3 × 2 =   4 × 200

4 Écris le terme manquant en complétant l'opération inverse.

a) 25 + 10 = 70 − _____

b) 79 + 2 = 100 − _____

c) 75 ÷ 5 = _____ × 5

d) 4 × 8 = _____ ÷ 2

e) 33 + _____ = 500 − 400

f) 11 × 4 = 88 ÷ _____

g) _____ + 38 = 550 − 112

h) 120 ÷ _____ = 4 × 3

5 Écris le symbole + ou − dans chaque cercle.

a) 8 ◯ 6 ◯ 7 ◯ 5 = 12

b) 25 ◯ 8 ◯ 6 ◯ 11 = 12

c) 42 ◯ 12 ◯ 8 ◯ 19 = 19

d) 17 ◯ 14 ◯ 5 = 26

e) 64 ◯ 40 ◯ 11 = 35

f) 14 ◯ 7 ◯ 8 ◯ 2 = 15

g) 19 ◯ 7 ◯ 4 ◯ 5 = 21

h) 7 ◯ 21 ◯ 3 ◯ 11 = 20

i) 9 ◯ 5 ◯ 4 ◯ 8 = 18

j) 3 ◯ 13 ◯ 4 ◯ 6 = 26

6 Écris chaque multiplication représentée et donne son résultat.

a)

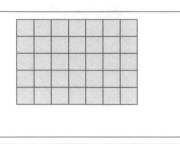

_____

b)

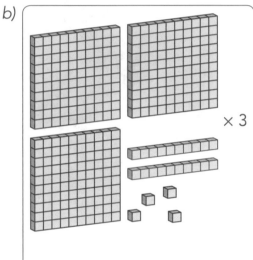

× 3

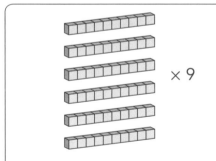

_____

c)

× 9

_____

d)

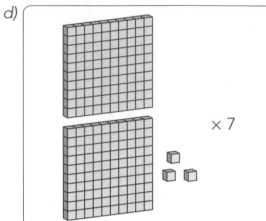

× 7

_____

e)

_____

f)

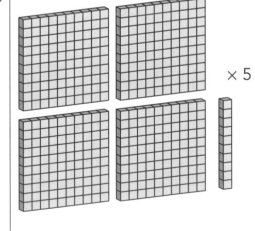

× 5

_____

7 Écris chaque division représentée et donne son résultat.

a) 2 centaines, 6 dizaines
et 2 unités ÷ 2 = ?

d) 52 cartes distribuées également
entre 4 personnes = ?

b) 3 unités de mille
et 12 dizaines ÷ 3 = ?

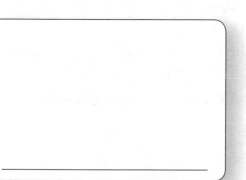

e) 350 jetons répartis également
dans 5 boîtes = ?

c) 189 oranges réparties dans des
caisses qui contiennent 9 oranges.
Nombre de caisses = ?

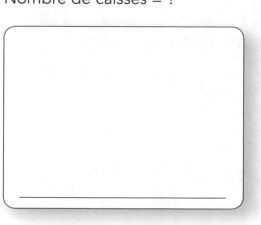

f) 40 pommes placées dans des
sacs qui contiennent 8 pommes.
Nombre de sacs = ?

J'utilise mes connaissances

1 Sophia joue aux cartes avec sa petite sœur. Elles commencent avec 8 cartes chacune. Au premier tour, Sophia ramasse un paquet de 12 cartes. Au deuxième tour, elle en perd 5. Puis, elle se reprend et gagne 19 cartes.

Combien de cartes Sophia a-t-elle à la fin du jeu ?

> **Traces de ma démarche**

2 Au cours de l'étape, Yan a ramassé des points pour ses efforts et il en a parfois perdu. En avril, il avait 245 points. En mai, il a perdu 35 points et, en juin, il en a gagné 50.

Si Yan obtient un total de points supérieur à 250 à la fin de l'année, il aura droit à un privilège. Yan obtiendra-t-il un privilège ?

> **Traces de ma démarche**

3 Une année scolaire représente 180 jours de classe. À la fin du mois de janvier, il reste la moitié de l'année à faire jusqu'à la fin du mois de juin.

Combien de jours de classe cela représente-t-il environ pour chaque mois ?

> **Traces de ma démarche**

Unité 27

Je m'exerce

1 Trouve la figure obtenue par la réflexion.
Entoure la bonne réponse parmi les choix proposés.

a)
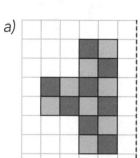
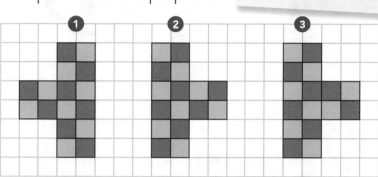

b)
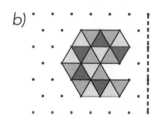
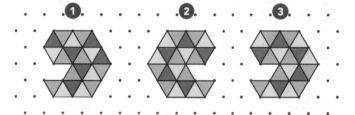

c)
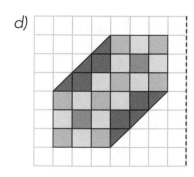

d)
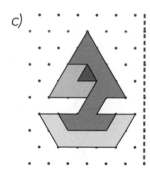
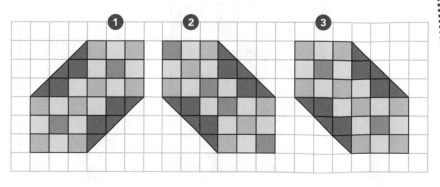

2 Les illustrations suivantes sont-elles symétriques ?
Si oui, trace l'axe de réflexion.

a)

b)

c)

3 Dessine les deux tuiles qui manquent pour compléter
chaque frise à l'aide de la réflexion.

a)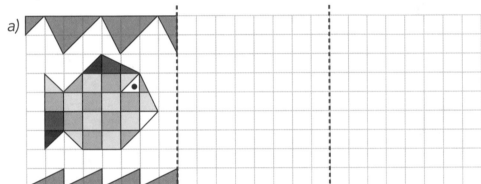

b)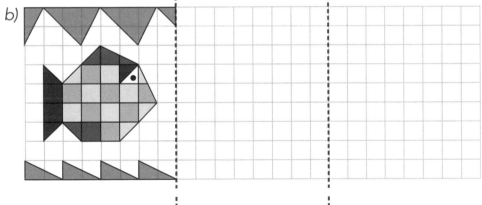

c)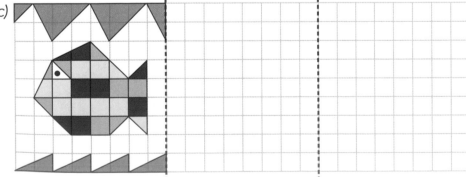

J'utilise mes connaissances

1 Décris la frise et le dallage ci-dessous.

- Nomme les figures qui les composent.
- Trace les axes de réflexion et entoure le motif ou la tuile de départ.
- Explique la façon dont ils ont été construits en utilisant certains des termes suivants.

| tuile | axe horizontal | axe vertical | réflexion |

| motif géométrique | répétition | figure géométrique |

a)

_____

_____

_____

_____

b)

_____

_____

_____

_____

2 Réalise un dallage en tenant compte des indications suivantes.

- La largeur du dallage est de 10 cm. Sa hauteur est d'environ 7 cm.
- L'aire de chaque tuile du dallage est de 40 triangles-unités.
- La tuile de départ est composée d'au moins 4 figures symétriques identiques à 6 côtés, de 4 couleurs différentes.
- L'aire de chacune des 4 figures symétriques identiques est de 6 triangles-unités.
- Il doit y avoir au moins 2 autres polygones différents dans la tuile de départ.
- Pour que le dallage soit complet, la tuile de départ doit subir une réflexion par rapport à l'axe vertical et une réflexion par rapport à l'axe horizontal.
- Le dallage doit être bordé en haut et en bas par une frise composée de triangles.

triangle-unité

Le terme manquant dans une soustraction

Lorsqu'on doit trouver le 1er terme dans une soustraction,
on effectue l'opération inverse (l'addition) pour trouver ce terme.

> Exemple : $? - 3 = 5$
> $3 + 5 = 8$,
> $8 - 3 = 5$, donc le terme manquant est 8.

Lorsqu'on doit trouver le 2e terme dans une soustraction,
il ne faut pas effectuer l'opération inverse, mais soustraire
le plus petit nombre du plus grand nombre.

> Exemples : $8 - ? = 5$
> $8 - 5 = 3$
> $8 - 3 = 5$, donc le terme manquant est 3.
>
> $700 - ? = 588$
> $700 - 588 = 112$
> $700 - 112 = 588$, donc le terme manquant est 112.

Je m'exerce

1 Trouve le terme manquant.

a) $976 - \underline{\hspace{2cm}} = 544$

b) $604 - \underline{\hspace{2cm}} = 483$

c) $5 \times \underline{\hspace{2cm}} = 45$

d) $599 - \underline{\hspace{2cm}} = 192$

e) $7\,950 - \underline{\hspace{2cm}} = 4\,490$

f) $\underline{\hspace{2cm}} \times 7 = 56$

g) $\underline{\hspace{2cm}} - 50 = 350$

h) $4 \times \underline{\hspace{2cm}} = 36$

i) $\underline{\hspace{2cm}} - 800 = 400$

j) $\underline{\hspace{2cm}} \div 9 = 9$

k) $28 \div \underline{\hspace{2cm}} = 4$

l) $5\,740 - \underline{\hspace{2cm}} = 4\,530$

m) $6\,790 - \underline{\hspace{2cm}} = 6\,700$

n) $\underline{\hspace{2cm}} \div 9 = 7$

o) $\underline{\hspace{2cm}} - 2\,222 = 7\,234$

p) $100\,000 - \underline{\hspace{2cm}} = 75\,000$

2 Effectue les opérations suivantes.

a) 25 679 + 5 392 = ?

e) 14 057 + 38 872 = ?

b) 75 509 − 45 382 = ?

f) 26 491 − 15 035 = ?

c) 4 864 + 7 235 = ?

g) 72 414 − 31 632 = ?

d) 7 853 − 5 135 = ?

h) 1 569 − 1 283 = ?

3 Effectue les multiplications suivantes. Écris ensuite la lettre qui correspond à chaque produit dans le carré de la grille.

a) 4 × 8

d) 8 × 9

g) 3 × 8

b) 7 × 7

e) 6 × 8

h) 5 × 5

c) 10 × 10

f) 8 × 8

i) 6 × 9

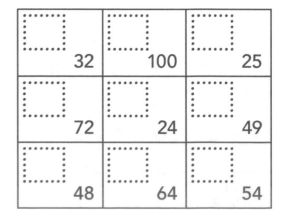

32	100	25
72	24	49
48	64	54

4 Lis les énoncés. Fais ensuite un X
dans la grille sur les nombres qui
correspondent aux énoncés *a)* à *e)*.
Tu trouveras ainsi le nombre-mystère.

49	8	7	231
361	264	125	79
742	89	642	9

a) Nous sommes 2 nombres dont la différence est 478. _____

b) Nous sommes 2 nombres dont la somme est 592. _____

c) Nous sommes 2 nombres dont le produit est 72. _____

d) Nous sommes 2 nombres dont le quotient est 7. _____

e) Nous sommes 3 nombres dont la somme est 856. _____

f) Entoure le nombre-mystère. _____

5 Prends la réponse que tu as obtenue à la question *f)*
de l'exercice précédent.

a) Écris 2 nombres dont la somme est égale au nombre-mystère.

_____

b) Écris 2 nombres dont la différence est égale au nombre-mystère.

_____

6 Place les nombres des étiquettes dans
la grille. En les additionnant le long
des pointillés, la somme doit être de 14.

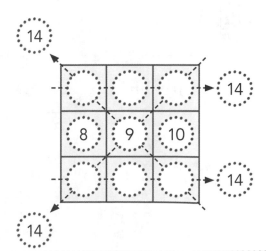

Nom : _____   Date : _____

7 Effectue les multiplications suivantes. Fais-en une représentation ou un dessin.

a) 42 × 4 = _____

c) 125 × 3 = _____

b) 64 × 5 = _____

d) 9 d × 6 = _____ d ou _____

8 Effectue les divisions suivantes. Fais-en une représentation ou un dessin.

a) 84 ÷ 4 = _____

c) 88 ÷ 8 = _____

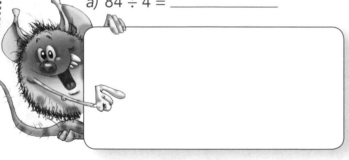

b) 150 ÷ 3 = _____

d) 219 ÷ 7 = _____

J'utilise mes connaissances

1 Au printemps, madame Deschamps plante des fleurs. Elle achète 4 boîtes contenant chacune 8 plants, 3 boîtes contenant chacune 12 plants et 4 boîtes contenant chacune 24 plants.

Combien de plants cela représente-t-il ?

> **Traces de ma démarche**

2 Mahée distribue 210 journaux par semaine. Elle fait la livraison 6 matins par semaine. Combien de clients a-t-elle ?

> **Traces de ma démarche**

3 Le chien de monsieur Côté est malade et il doit prendre des médicaments. Son maître achète une bouteille qui contient 120 comprimés. Le chien doit prendre 2 comprimés 2 fois par jour.

Combien de jours durera la bouteille ?

> **Traces de ma démarche**

La représentation des nombres décimaux

On peut représenter les nombres décimaux à l'aide du matériel base 10.

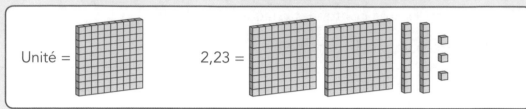

On peut représenter les nombres décimaux à l'aide d'abaques.

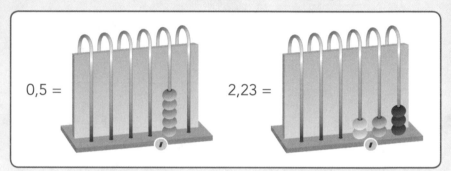

On peut représenter les nombres décimaux sur une droite numérique.

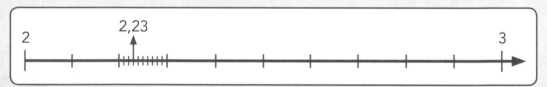

On peut représenter les nombres décimaux dans un tableau de numération.

Centaines	Dizaines	Unités	Dixièmes	Centièmes
		0 ,	5	
		2 ,	2	3

On peut écrire les nombres décimaux en utilisant un nombre entier et une fraction. On dit qu'il s'agit d'un **nombre fractionnaire**.

$$0,5 = \frac{1}{2} \qquad 3,5 = 3\frac{1}{2}$$

Je m'exerce

1 Associe chaque nombre décimal à la représentation qui lui correspond.

a)

Unités	Dizièmes	Centièmes
1,	1	2

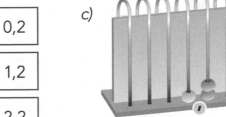

c)

b)

d)
```
2        ↓                    3
├┼┼┼┼┼┼┼┼┼┼┼→
```

2 Remplis le tableau suivant.

Mots	Nombre décimal	Nombre fractionnaire
a) Sept dixièmes		
b) Sept et quatre dixièmes		$7\frac{4}{10}$ ou $7\frac{2}{5}$
c) Soixante-quinze centièmes		
d) _____		$\frac{9}{100}$

3 Place les nombres décimaux sur la droite numérique.

| 1,8 | 0,9 | 2,7 | 1,35 | 4,25 | 2,1 |

```
0        1        2        3        4        5
├┼┼┼┼┼┼┼┼┼┼┼┼┼┼┼┼┼┼┼┼┼┼┼┼┼┼┼┼┼┼┼┼┼┼┼┼┼┼┼┼┼→
   0,5      1,5      2,5      3,5      4,5
```

4 Écris les nombres manquants sur la droite numérique.

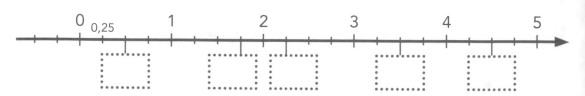

5 Corrige le nombre d'anneaux de chaque abaque pour qu'il représente le nombre indiqué.

- S'il manque des anneaux, dessine-les.
- S'il y a trop d'anneaux, fais un X sur les anneaux à enlever.
- Inscris le nombre que tu as ajouté.

a)

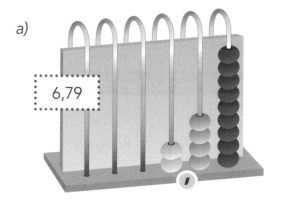

6,79

2,49 + _____ = 6,79

c)

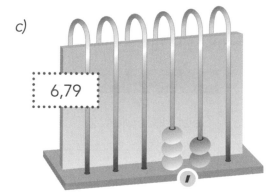

6,79

3,2 + _____ = 6,79

b)

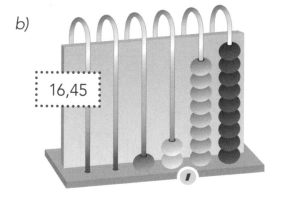

16,45

12,89 + _____ = 16,45

d)

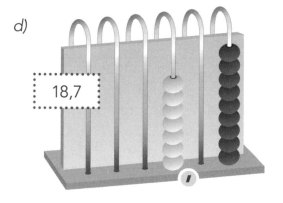

18,7

7,09 + _____ = 18,7

Le processus de calcul mental et écrit d'addition et de soustraction sur les nombres décimaux

Pour additionner des nombres décimaux, on groupe parfois les données deux par deux.

Exemples : • $1,4 + \underline{2,5} + \underline{2,5} = 1,4 + 5 = 6,4$

• $\underline{2,3 + 3,7} + 1,9 = 6 + 1,9 = 7,9$

• $\underline{27,8 - 15,8} - 5,5 = 12 - 5,5 = 6,5$

Pour faire du calcul mental, on a souvent besoin de composer ou de décomposer les nombres décimaux. On fait ensuite des regroupements.

Exemples : • Pour calculer $7,5 + 3,25$ on peut faire
$7 + 0,5 + 3 + 0,25 = 7 + 3 + 0,50 + 0,25 =\ ?$

$10\ \ +\ \ \ \ 0,75\ \ \ \ = 10,75$

• Pour calculer $9,13 + 8,28$ on peut faire $9,13 + 8,27 + 0,01 =\ ?$

$17,40\ \ \ \ + 0,01 = 17,41$

puisque $0,13 + 0,27$ est plus facile à calculer mentalement.

• Pour calculer $16,4 + 7,8$ on peut faire $16,4 + 7,6 + 0,2 =\ ?$

$24\ \ \ \ \ + 0,2 = 24,2$

puisque $0,4 + 0,6$ est plus facile à calculer mentalement.

Je m'exerce

1 Trouve les résultats en calculant mentalement.

a) $2,7 + 2,3 =$ _____

b) $27,8 - 10,2 =$ _____

c) $124,42 - 24,3 =$ _____

d) $15,5 + 20,4 + 5,1 =$ _____

2 Trouve les valeurs manquantes.

a) 5,3 + 6,7 + 4 = _____ + 4 = _____

b) 1,2 + 1,5 + 1,5 = 1,2 + _____ = _____

c) 11,6 + 10,4 + 9,2 = _____ + 9,2 = _____

d) 17,3 + 5,2 + 2,7 = 17,3 + 2,7 + _____ = _____ + 5,2 = 25,2

e) 2,5 + 3,5 = 2 + 3 + _____ + _____ = 5 + _____ = 6

f) 3,24 + 2,5 + 4,5 = 3,24 + _____ = _____

g) 12,9 + 5,1 = 12,9 + _____ + 5 = _____ + 5 = _____

h) 7,42 + 9,3 + 2,58 = 7,42 + _____ + 9,3 = _____ + 9,3 = _____

J'utilise mes connaissances

1 Madame Couture a besoin de laine pour tricoter des bas, des mitaines et des tuques. Elle désire confectionner 5 ensembles complets.

Voici ce qu'elle a prévu pour chaque élément de l'ensemble.

1 paire de bas	1,5 balle de laine
1 paire de mitaines	2,25 balles de laine
1 tuque	1,75 balle de laine

Madame Couture a déjà 15 balles de laine. Combien de balles de laine lui manque-t-il pour confectionner ses 5 ensembles ?

Traces de ma démarche

2 Sophie s'achète des souliers à 39,65 $. Elle s'achète également une veste à 29,95 $. Elle remet à la caissière 4 billets de 20 $.

a) Combien d'argent la caissière doit-elle lui remettre ?

> **Traces de ma démarche**

b) La caissière n'a plus de billets de 10 $. Trouve deux façons pour exprimer le montant d'argent que la caissière doit remettre à Sophie.

> **Traces de ma démarche**

3 Samedi, Frédérick a aidé son ami à faire ses livraisons de journaux. Il a reçu 22,50 $ pour ce travail. Dimanche, il a tondu la pelouse de deux voisins. Ils lui ont remis chacun 10,50 $. Combien d'argent Frédérick a-t-il gagné au cours de la fin de semaine ?

> **Traces de ma démarche**

J'utilise mes connaissances

1 Le tableau ci-contre fournit la masse moyenne d'un enfant de 0 à 3 ans.

Masse moyenne d'un enfant de 0 à 3 ans

Âge (mois)	Masse moyenne (kg)
0	3,3
1	4
2	5
3	5,5
4	6
5	6,8
6	7,4
7	7,8
8	8,2
9	8,6
10	9
11	9,2
12	9,6
18	11
24	12
30	13
36	14

a) Les médecins disent que la masse d'un enfant triple entre sa naissance et le moment où il atteint un an. Explique cette affirmation en te fiant aux données du tableau.

_____

_____

_____

_____

_____

_____

b) De un an à deux ans et de deux ans à trois ans, les enfants prennent environ 2 kg par année. Explique cette affirmation en te fiant aux données du tableau.

_____

_____

_____

_____

c) Combien de kilogrammes un enfant prend-il en moyenne de 1 mois à 4 mois? _____

d) Combien de kilogrammes un enfant prend-il en moyenne chaque mois entre le 6ᵉ mois et le 10ᵉ mois? _____

_____

2 Trace le diagramme à ligne brisée correspondant au tableau de données.

Taille moyenne d'un enfant de 0 à 12 mois

Âge (mois)	Taille moyenne (cm)
0	50
1	54
2	57
3	60
4	63
5	65
6	67
7	68
8	69
9	71
10	72
11	73
12	74

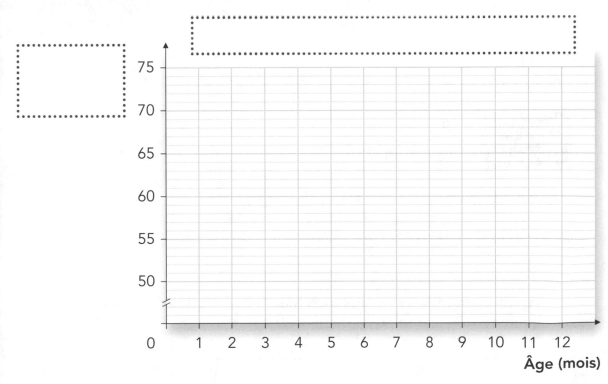

3 Les médecins mesurent la masse des bébés régulièrement pour s'assurer qu'ils ont une bonne croissance. Ils reportent ces données dans un diagramme comme celui ci-dessous.

Un bébé en santé est un bébé dont la masse se situe à l'intérieur des deux courbes grises.

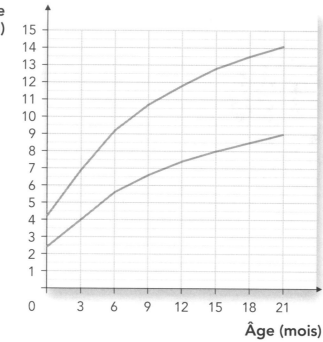

Croissance de la masse d'un enfant de 0 à 18 mois

Marek a trouvé ce tableau dans sa boîte à souvenirs.

Âge (mois)	0	3	6	9	12	15	18
Masse (kg)	2,5	4,5	7	8	9	11	12

a) Trace la courbe de sa masse sur le diagramme.

b) La croissance de Marek progressait-elle bien ? Explique ta réponse.

_____

c) À quel moment de sa croissance Marek a-t-il augmenté le plus sa masse ? De combien ?

_____

4 Voici les données recueillies par Joey auprès des trois classes
de 4e année de son école. Donne un titre au tableau.

::
:   :
::

Nombre d'enfants par famille	Nombre d'élèves
1 enfant	✓✓✓✓✓✓✓✓✓✓✓✓✓
2 enfants	✓✓✓✓✓✓✓✓✓✓✓✓✓✓✓✓✓✓
3 enfants	✓✓✓✓✓✓✓✓✓✓✓✓✓✓✓
4 enfants	✓✓✓✓✓✓✓✓✓✓
5 enfants	✓✓✓✓✓
6 enfants ou plus	✓✓✓✓✓✓✓

a) Écris le nombre d'élèves pour chaque ligne du tableau.

b) Combien d'élèves de 4e année ont répondu à cette enquête ?

_____

c) Toutes les classes ont le même nombre d'élèves.
Combien y a-t-il d'élèves par classe ?

_____

d) Crois-tu qu'il y ait le même nombre de familles de 2 enfants
dans chacune des trois classes ? Explique ta réponse.

_____

_____

_____

e) Nomme le type de diagramme qui est le plus approprié
pour représenter cette situation.

_____

Situation-problème

Économisons en électricité : un dépliant choc !

Voici certains coûts associés à la consommation annuelle d'électricité.

APPAREIL	UTILISATION	COÛT ANNUEL
Réfrigérateur	24 h par jour tous les jours	41,55 $
Douche – 8 min – 15 min	– 1 par jour – 1 par jour	83,95 $ 157,40 $
Bain	1 par jour	94,90 $
Ordinateur	5 h par jour	17,51 $
Téléviseur	5 h par jour	18,73 $
Lave-vaisselle	– 1 fois par jour tous les jours – 5 fois par semaine	53,89 $ 38,39 $
Laveuse – lavage à l'eau chaude – lavage à l'eau tiède – lavage à l'eau froide	– 5 brassées par semaine – 5 brassées par semaine – 5 brassées par semaine	56,24 $ 30,52 $ 4,80 $
Sécheuse	– 5 fois par semaine (5 × 52 = 260 fois) – 5 fois par semaine et séchage extérieur en été (5 × 40 = 200 fois)	42,23 $ 32,48 $
Chauffage	– Maintenir la température à 20 °C – Maintenir la température à 22 °C – Baisser la température du chauffage à 18 °C la nuit	800,00 $ 860,00 $ 760,00 $
Pompe de la piscine	– 10 h par jour pendant 120 jours – 8 h par jour pendant 100 jours	66,44 $ 44,30 $

Ta tâche

- À partir des données fournies sur la page précédente, utilise ta calculatrice pour :
    - calculer la consommation annuelle d'électricité approximative de ta famille selon les coûts mentionnés ;
    - déterminer les actions que les membres de ta famille pourraient poser afin d'économiser au moins 150 $ sur les coûts annuels d'électricité.
- Prépare un dépliant afin de sensibiliser ta famille et les élèves de ton école sur l'utilisation de l'électricité.
- À l'aide de ton dépliant, présente la différence de coûts que pourrait entraîner une meilleure consommation.

Consignes pour l'élaboration du dépliant

- Utilise une feuille de 216 mm par 356 mm que ton enseignante ou ton enseignant te remettra. Plie-la en trois parties de même dimension.
- **L'intérieur** de ton dépliant doit être structuré de la façon suivante.
    - 1er tiers : données choisies pour la comparaison.
    - 2e tiers : propositions d'économie et calculs justificatifs.
    - 3e tiers : tableau ou diagramme pour appuyer tes choix et tes justifications.
- **L'extérieur** de ton dépliant doit être structuré de la façon suivante.
    - 1er tiers : couverture du dépliant. Invente un titre et fais un dessin représentatif de la consommation d'électricité.
    - 2e tiers : verso du dépliant. Explique en quelques mots en quoi ces économies peuvent servir l'environnement et ta famille.
    - 3e tiers : section libre du dépliant. Décore-la à ton goût ou inscris-y de l'information de ton choix.

Je révise ma 4ᵉ année

Arithmétique

1 Qui suis-je?

a) Je suis un nombre carré et pair, situé entre 20 et 40. _____

b) Je suis composé exactement de 34 d, 3 u de m, 7 u et 1 c. _____

c) Je suis un nombre premier plus petit que 29 mais plus grand que 20. _____

d) J'ai exactement 352 dizaines. _____

e) Je suis placé immédiatement avant le 12ᵉ nombre qui suit le nombre 8 637.

_____

2 Pour chaque nombre, écris la valeur des chiffres en caractères gras.

a) 1 **7**42 _____   d) 34 **7**57 _____

b) 10 **6**37 _____   e) 6 0**58** _____

c) 2 **68**9 _____   f) 26 **1**57 _____

3 Décompose les nombre suivants de deux façons différentes.

a) 7 805

_____

_____

b) 14 354

_____

_____

c) 9 042

_____

_____

4 Arrondis les nombres suivants à l'unité de mille près.

a) 14 806 _____   c) 7 499 _____

b) 29 589 _____   d) 12 035 _____

5 Dans chaque cas, trouve la règle et complète la suite de nombres.

a) 38, 33, 42, 37, 46, _____, _____, _____   Règle : _____

b) 2, 6, 4, 12, 10, _____, _____, _____   Règle : _____

c) 147, 154, 161, 168, 175, _____, _____, _____   Règle : _____

d) 402, 398, 394, 390, _____, _____, _____, _____   Règle : _____

e) 810, 808, 803, 801, _____, _____, _____, _____   Règle : _____

6 Effectue les opérations suivantes.

a) 4 762 + 984 = ?

d) 2 201 − 356 = ?

b) 12 063 − 4 192 = ?

e) 7,9 + 23,85 = ?

c) 34 881 + 3 957 = ?

f) 13,05 − 7,58 = ?

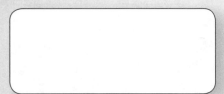

7 Trouve les termes manquants.

a) _____ − 199 = 1 860

b) 4 559 + _____ = 10 738

c) _____ + 1 895 = 2 034

d) 685 − _____ = 586

e) 7 × _____ = 49

f) _____ ÷ 3 = 10

g) _____ × 9 = 36

h) 18 ÷ _____ = 3

8 Effectue les opérations suivantes. Fais-en une représentation ou un dessin.

a) 357 ÷ 3 = ?

c) 421 ÷ 5 = ?

b) 135 × 8 = ?

d) 208 × 7 = ?

9 Écris le symbole <, > ou = qui convient.

a) $\dfrac{5}{100}$ ◯ 0,5

b) 1,40 ◯ $1\dfrac{4}{10}$

c) 0,36 ◯ $\dfrac{60}{100}$

d) $\dfrac{2}{50}$ ◯ 0,04

e) $\dfrac{7}{10}$ ◯ 0,7

f) 6,6 ◯ $6\dfrac{6}{100}$

g) 1,24 ◯ $\dfrac{24}{100}$

h) 1,2 ◯ $\dfrac{12}{10}$

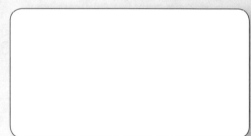

10 Vincent possède une collection de 623 timbres. Son grand-père possède 3 fois plus de timbres que lui. Combien de timbres le grand-père de Vincent possède-t-il ?

> **Traces de ma démarche**

11 Chloé veut faire des bonbonnières pour remercier les 30 invités qui viendront fêter la naissance de sa petite sœur. Elle a acheté 224 bonbons et elle veut mettre 8 bonbons par bonbonnière.

a) Combien de bonbonnières pourra-t-elle fabriquer ?

> **Traces de ma démarche**

b) Est-ce que tous les invités auront une bonbonnière ?
Si non, combien en manquera-t-il ?

> **Traces de ma démarche**

12 Arrondis les nombres décimaux suivants au dixième près.

a) 7,12 _____   *c)* 14,75 _____   *e)* 9,91 _____

b) 8,93 _____   *d)* 0,34 _____   *f)* 5,55 _____

13 Écris une fraction équivalente qui correspond à chaque représentation.

a)  $\dfrac{2}{8}$ = [ ]

b)  $\dfrac{4}{12}$ = [ ]

c)  $\dfrac{3}{15}$ = [ ]

14 Dans chaque cas, choisis l'expression appropriée parmi les suivantes.

| plus grand que | plus petit que | égal à |

a) Un tiers est _____ un demi.

b) Un entier est _____ cinq cinquièmes.

c) Un quart est _____ 0.

d) Un demi est _____ deux quarts.

e) Un dixième est _____ un entier.

15 Trouve les facteurs premiers de chacun des nombres suivants.

a) 27

b) 72

c) 50

16 Les élèves responsables d'une page du journal étudiant travaillent à sa mise en page. Voici ce qu'ils ont décidé.

- Un quart de la page est prévu pour les nouvelles sportives.
- Un sixième est consacré à l'activité de fin d'année.
- Un tiers est réservé à une bande dessinée.
- Le reste de l'espace est prévu pour un dessin à colorier.

Identifie sur le quadrillé chaque partie du journal à l'aide des lettres suivantes.

S : nouvelles sportives
A : activité de fin d'année
B : bande dessinée
D : dessin à colorier

17 Sofia et son frère achètent un bouquet de fleurs pour la fête des Mères. Ils ont deux billets de 20 $ et un billet de 5 $. Ils choisissent 3 roses à 5 $ chacune, 3 lys à 4 $ chacun, 2 œillets à 2,50 $ chacun et 2 feuilles de fougère à 3 $ chacune.

Les taxes sont de 1,90 et 3,39 $. Sofia et son frère peuvent-ils acheter le bouquet ? Explique ta réponse.

Traces de ma démarche

Géométrie et mesure

18 Remplis le tableau suivant.

Solide	Nombre d'arêtes	Nombre de sommets	Nombre de faces
a)	_____	_____	_____
b)	_____	_____	_____
c)	_____	_____	_____

19 Pour chaque prisme, trouve le volume en cubes-unités.

a) 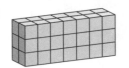   [____] cubes-unités

b)   [____] cubes-unités

c) 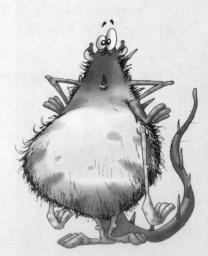   [____] cubes-unités

20 Voici les couples de nombres des sommets de 3 polygones.

Figure **A** : (1,8) (5,4) (4,6) (5,8)

Figure **B** : (9,0) (9,4) (12,4) (12,0)

Figure **C** : (5,10) (9,10) (12,12) (8,12)

a) Trace les figures dans le plan cartésien ci-dessous. Identifie chaque figure en inscrivant la lettre qui lui correspond.

b) Vrai ou faux ?

	Vrai	Faux
La figure **A** est un quadrilatère non convexe.		
La figure **B** est un quadrilatère convexe.		
La figure **C** est un losange.		
La figure **A** a un angle obtus.		
La figure **C** a deux axes de réflexion.		

21 Associe chaque article à la mesure appropriée. Écris le numéro de l'étiquette qui correspond à chaque article.

1 15 kg	**2** 500 mL	**3** 10 g	**4** 250 mL
5 2 L	**6** 15 mL	**7** 2,27 kg	**8** 125 g

Capacité

a) un verre d'eau _____

b) une cuillère à mesurer _____

c) une bouteille d'huile d'olive _____

d) un gros contenant de jus _____

Masse

e) un gros sac de carottes _____

f) une poche de sable _____

g) un crayon à mine _____

h) un petit contenant de yogourt ___

Probabilité et statistique

22 Un enseignant veut faire un tirage pour les élèves méritants. Il met les étiquettes ci-dessous dans une boîte. Chaque étiquette correspond à un cadeau qu'il offre.

livre · crayon · balle · balle · crayon · livre · crayon · livre · gomme à effacer · livre

Place au bon endroit sur la ligne des probabilités la lettre associée à chacun des événements ci-dessous.

Tirer une gomme à effacer (G).   Tirer une balle (B).

Tirer un cadeau (T).   Tirer un crayon (C).

Tirer un suçon (S).   Tirer un livre (L).

Tirer un livre ou un crayon (LC).   Tirer un livre ou une balle (LB).

Possible

Impossible   Certain

23 Voici des données recueillies par des élèves à la fin du printemps.

Température d'une semaine

	Dimanche	Lundi	Mardi	Mercredi	Jeudi	Vendredi	Samedi
Température minimale (°C)	5	11	7	9	6	9	9
Température maximale (°C)	17	21	18	18	17	20	16

a) Construis le diagramme approprié.

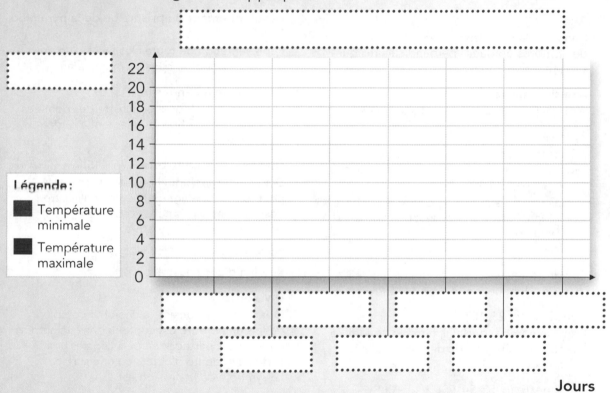

Légende :

■ Température minimale

■ Température maximale

Jours

b) Réponds aux questions suivantes.

1) Quel jour y a-t-il eu le moins d'écart de température ?

De combien était cet écart ? _____

2) Quel jour y a-t-il eu le plus grand écart de température ?

De combien était cet écart ? _____

3) Quels sont les jours où il y a eu 11 °C d'écart ? _____

Glossaire

Addition (p. 14, 107)
Opération qui consiste à ajouter une quantité d'objets à une autre. Le symbole de l'addition est +.

Angle (p. 18)
Figure représentant la surface ou l'ouverture formée par 2 segments de droites ayant un même point de départ. Il existe des angles droits ⌐,

des angles aigus ◿ et des angles obtus ◣.

Arête (p. 40)
Segment à la rencontre de 2 faces d'un prisme ou d'une pyramide.

Axe (p. 71)
Dans un plan cartésien, chacune des 2 droites de nombres graduées perpendiculaires qui servent à situer un point de façon précise.

Axe de réflexion (p. 72-73)
Axe qui permet la réflexion d'une figure.

Base (p. 40)
- Dans un prisme, chacun des 2 polygones identiques qui sont reliés entre eux par des polygones à 4 côtés.
- Dans une pyramide, un polygone à la base des triangles qui composent les différents types de pyramides.

Carré (p. 19)
Quadrilatère avec 4 angles droits, 4 côtés de même longueur et 4 axes de réflexion.

Centième (p. 25, 107)
Dans un nombre décimal, terme qu'on utilise lorsqu'il est question du deuxième chiffre à droite de la virgule.

Centimètre (p. 53-54, 93)
Mesure de longueur 100 fois plus petite que le mètre.

Convexe (polygone) (p. 19)
Un polygone est convexe si, en suivant sa frontière dans une direction, on tourne toujours dans le même sens aux sommets.

Couple de nombres (p. 71)
Deux nombres qui servent à indiquer un point de rencontre dans un plan cartésien. Le premier nombre correspond à l'axe horizontal et le deuxième, à l'axe vertical.

Dallage (p. 72-73)
Un dallage est constitué d'un ensemble de figures géométriques appelées «tuiles» qui recouvrent une surface plane sans laisser d'espace entre les figures, sans superposition de figures et selon une certaine régularité.

Décimètre (p. 53-54, 93)
Mesure de longueur 10 fois plus petite que le mètre.

Dénominateur (p. 44)
Dans une fraction, terme sous la barre horizontale qui indique en combien de parties équivalentes le tout a été divisé.

Développement du prisme ou de la pyramide (p. 85)
Représentation de toutes les faces d'un prisme ou d'une pyramide dans un même plan.

Diagramme à bandes (p. 115)
Diagramme sur lequel on illustre des données verticalement ou horizontalement à l'aide de bandes.

Diagramme à ligne brisée (p. 115)
Diagramme sur lequel on relie des points pour former une ligne brisée afin d'illustrer des données qui varient avec le temps, par exemple la température.

Différence (p. 15)
Résultat d'une soustraction.

Division (p. 37)
Opération qui consiste à chercher combien de fois un nombre est contenu dans un autre, ou encore à partager en parts égales une certaine quantité d'objets ou une surface. Le symbole de la division est ÷.

Dixième (p. 24, 107)
Dans un nombre décimal, terme qu'on utilise lorsqu'il est question du premier chiffre à droite de la virgule.

Enquête (p. 49)
Questions formulées pour recueillir des données dans le but d'établir des statistiques.

Équivalences de mesures de longueur (p. 93)
Pour trouver des équivalences de mesures de longueur, il faut multiplier ou diviser un nombre d'unités par 10, 100, ou 1 000.

Facteur (p. 35)
Chacun des termes qu'on multiplie ensemble pour obtenir un nombre.

Facteur premier (p. 104)
Chacun des nombres premiers qu'on multiplie ensemble pour obtenir un nombre.

Figure symétrique (p. 73)
Figure qui, lorsqu'elle est pliée en 2, permet une superposition entière et sans dépassement de ses 2 parties.

Fraction (p. 44)
Représentation d'une ou de plusieurs parties équivalentes d'un entier ou d'une collection. Elle s'écrit à l'aide de 2 termes séparés par une barre horizontale.

Fractions équivalentes (p. 46)
Fractions qui représentent la même valeur d'un entier ou d'une collection (ex.: $\frac{1}{2}$, $\frac{2}{4}$, $\frac{3}{6}$).

Frise (p. 72)
Bande décorative produite par la répétition régulière d'un motif.

Gramme (p. 98)
Mesure de masse.

Kilogramme (p. 98)
Mesure de masse 1 000 fois plus grande que le gramme.

Ligne des probabilités (p. 80-81)
Ligne divisée en sections permettant de représenter les probabilités.

Litre (p. 97)
Mesure de capacité.

Losange (p. 19)
Quadrilatère ayant 4 côtés de même longueur, des côtés opposés parallèles et 2 axes de réflexion.

Mesure d'aire (p. 20)
Mesure de l'étendue d'une surface (exemple d'unité de mesure d'aire: carré-unité).

Mesure de capacité (p. 97)
Mesure d'une quantité de liquide ou de matière sèche contenue dans un récipient (exemples d'unités de mesure de capacité: litre, millilitre).

Mesure de longueur (p. 53-54, 93)
Mesure d'une longueur, d'une largeur ou d'une hauteur (exemples d'unités de mesure de longueur: mètre, décimètre, centimètre, millimètre).

Mesure de masse (p. 97-98)
Mesure d'une quantité de matière contenue dans un objet. La masse dépend du type de matière et du volume de l'objet (exemples d'unités de mesure de masse: gramme, kilogramme).

Mesure de temps (p. 95)
Mesure d'une durée (exemples d'unités de mesure de temps: an, mois, jour, heure, minute).

Mesure de volume (p. 41)
Mesure de la place qu'occupe un objet dans l'espace (exemple d'unité de mesure de volume: cube-unité).

Millilitre (p. 97)
Mesure de capacité 1 000 fois plus petite que le litre.

Millimètre (p. 53-54, 93)
Mesure de longueur 1 000 fois plus petite que le mètre.

Multiplication (p. 35)
Opération qui consiste à trouver le produit de 2 ou plusieurs facteurs. Le symbole de la multiplication est ×.

Nombre carré (p. 12)
Propriété d'un nombre qui a 2 facteurs identiques.

Nombre composé (p. 12)
Propriété d'un nombre qu'on peut représenter par différents groupements égaux supérieurs à 1, sans reste.

Nombre décimal (p. 24, 107)
Propriété d'un nombre formé d'une partie entière et d'une partie fractionnaire, les 2 parties étant séparées par une virgule.

Nombre entier (p. 91)
Chacun des nombres naturels (positifs) et de leurs opposés (négatifs).

Nombre fractionnaire (p. 160)
Nombre composé d'un nombre entier accompagné d'une fraction.

Nombre premier (p. 12)
Propriété d'un nombre qu'on ne peut pas représenter par plusieurs groupements égaux supérieurs à 1, sans reste.

Numérateur (p. 44)
Dans une fraction, terme au-dessus de la barre horizontale qui indique le nombre de parties considérées.

Parallèles (lignes ou droites) (p. 18)
Des lignes ou des droites sont parallèles lorsqu'elles ne se rencontrent en aucun point.

Parallélogramme (p. 19)
Quadrilatère convexe ayant des côtés opposés parallèles et de même longueur.

Périmètre (p. 71)
Mesure de la longueur du pourtour d'une figure plane fermée.

Perpendiculaires (droites) (p. 18)
Des droites sont perpendiculaires si elles se croisent ou pourraient se croiser en un point en formant 4 angles droits.

Plan cartésien (p. 71)
Plan muni d'un axe horizontal et d'un axe vertical permettant de situer des points de façon précise.

Prisme (p. 40)
Solide géométrique composé de faces planes dont 2, qui sont appelées «bases», sont identiques et parallèles. Les autres faces du prisme sont des polygones à 4 côtés avec 2 paires de côtés parallèles.

Probabilité (p. 31, 80-81)
Évaluation de résultats «possibles», «impossibles», «certains», «plus probables», «moins probables» et «également probables».

Produit (p. 35)
Résultat d'une multiplication.

Pyramide (p. 40)
Solide géométrique composé d'une base, qui est un polygone, et de plusieurs autres faces qui sont des triangles se rencontrant en un seul sommet.

Quadrilatère (p. 19)
Polygone à 4 côtés (ex. : carré, rectangle, losange).

Rectangle (p. 19)
Quadrilatère ayant 4 angles droits, des côtés opposés parallèles et de même longueur et 2 axes de réflexion.

Reste (p. 37)
Quantité qui reste quand il est impossible de diviser en parts égales.

Segment de droite (p. 18)
Portion de droite limitée à chaque extrémité.

Somme (p. 14)
Résultat d'une addition.

Sommet (p. 40)
• Point de rencontre de 2 côtés dans un polygone.
• Point de rencontre de 3 arêtes d'un prisme.
• Point de rencontre de 3 ou de plusieurs arêtes d'une pyramide.
• Point de rencontre de 2 segments de droites qui forment un angle.

Soustraction (p. 15, 107)
Opération qui consiste à retirer une quantité d'objets à une autre. Le symbole de la soustraction est –.

Suite de nombres (p. 16)
Suite de termes observant une régularité numérique obtenue à partir d'une règle, c'est-à-dire à partir d'une ou de plusieurs opérations entre deux nombres de la suite.

Tableau de données (p. 49)
Tableau qui permet de compiler les résultats obtenus au moment d'une expérience ou d'une enquête.

Terme (p. 14, 15)
Chacun des nombres intervenant dans une opération.

Trapèze (p. 19)
Quadrilatère convexe ayant 2 côtés opposés parallèles.

Valeur de position (p. 9)
Valeur d'un chiffre selon la position qu'il occupe dans un nombre.